MEIN KIND
HAT DEINE
LÄUSE

Isabel Völker

MEIN KIND HAT DEINE LÄUSE

Wie sich engagierte Eltern um Kopf
und Kragen schreiben

BERLIN VERLAG

© Berlin Verlag in der Piper Verlag GmbH, Berlin 2014
Alle Rechte vorbehalten
Umschlaggestaltung: ZERO, Werbeagentur, München
Typografie: Birgit Thiel, Berlin
Gesetzt aus der Univers von Fagott, Ffm
Druck und Bindung: CPI books GmbH, Leck
Printed in Germany
ISBN 978-3-8270-1219-7

www.berlinverlag.de

INHALT

VORWORT

Früher trafen sich Mütter und Väter beim Kennenlernabend im Kindergarten, beim Elternabend in der Grundschule, beim Bastelabend und beim Sommerfest. Was die Schröders zu sagen hatten und warum das für die Kleinschmidts inakzeptabel war, damit setzte man sich nicht mehr als zwei oder drei Mal im Jahr auseinander. Heute ist das anders. Heute wird man die Schröders und die Kleinschmidts gar nicht mehr los.

Man nennt sie auch nicht mehr »die Schröders«, sondern mit Vornamen, hört mehr von ihnen als von seinen besten Freunden – weil kaum ein Elternteil nicht Mitglied in der Kita- oder Hort-Mailinggruppe ist, im Verteiler der Eltern einer Klasse, auf der Mailing-Liste der Grundschule. Der Strom der Nachrichten ist nahezu endlos. Es geht um Hausaufgaben. Oder um Läuse. Immer im Mittelpunkt: das Wohl des Kindes. Oft: das Wohl des eigenen Kindes.

Die Idee, Mails von Eltern zu sammeln, entstand bei einer Autofahrt aufs Land. Eine Freundin las mir die E-Mails vor, die gerade auf ihrem Smartphone eintrafen. Es ging um Läuse in der Kita ihres Sohnes. »Wieder einmal«, sagte sie. Und dann erzählte sie mir, dass diese Mailerei nun schon seit Wochen gehe. Sie las mir auch die alten Mails zum Thema vor, und noch bevor sie zum Ende der Konversation gelangt war, machte es schon wieder »bling«. Wieder eine neue Nachricht. Draußen schien die Sonne. Es war Sonntag.

Wir fragten uns, ob das wohl allen Eltern in Deutschland so geht und wie viele von ihnen sich darüber ebenso wundern wie wir. Ich hörte mich um. Die meisten, deren Kinder in Kita oder Grundschule gehen, wussten von diesen Mailfluten zu berichten. Ich begann zu sammeln. So sind nach und nach Konversationen aus ganz Deutschland zusammengekommen, Mailwechsel aus Grundschulen, Kitas, Kindergärten oder Kinderläden, die mir Menschen aus dem Bekanntenkreis, Freunde von Freunden, Freunde von Freunden von Freunden oder die, die sich auf Anzeigen in verschiedenen Tageszeitungen gemeldet haben, überlassen haben. Von allen gesammelten Mails enthält das Buch eine Auswahl. Damit niemand bloßgestellt wird, habe ich sämtliche Namen von Eltern, Kindern, Lehrern, Erziehern und Kitas, alle Ortsnamen sowie einige Details in den E-Mails geändert und Mailwechsel gegebenenfalls gekürzt. Um die Lesbarkeit zu verbessern, wurden Rechtschreib-, Grammatik- und Zeichensetzungsfehler behoben und Abkürzungen ausgeschrieben oder erklärt.

Die meisten, die ich bat, mir ihre Mailwechsel zur Verfügung zu stellen, halfen mir spontan – weil sie fanden, das müsse mal dokumentiert werden, dieser kleine Wahnsinn, und vielleicht auch in der Hoffnung, dass alle, die dies lesen, künftig etwas weniger Mails schreiben. Damit man sonntags mal wieder aufs Land fahren kann, ohne an Läuse zu denken.

Isabel Völker

1.

MEIN KIND HAT DEINE LÄUSE
Kita Schnatterenten, Bonn

Von: Vanessa
Betreff: Läuse-Leid, sagt Bescheid!
Datum: 4. Juni 2013 10:16:05
An: alle

Hallo zusammen,
bad, bad news: Wir haben Nissen. Saudoof! Also: Bitte unbedingt nachsehen bei Euren Kleinen. Unbedingt!!!!
Vanessa (Tammy)

Von: Nicole
Betreff: Re: Läuse-Leid, sagt Bescheid!
Datum: 4. Juni 2013 13:25:04
An: Vanessa
Kopie: alle

Danke für den Hinweis – haben bei Greta auch welche gefunden :-(
Es ist echt nicht zu fassen, dass das SO oft vorkommt, ich bin echt mit meinem Latein am Ende und weiß NICHT mehr, wie wir das JE in den Griff bekommen können.
Nicole

Von: Tanja
Betreff: Re: Läuse-Leid, sagt Bescheid!
Datum: 4. Juni 2013 18:15:04
An: Vanessa
Kopie: alle

Hallöchen,
bei uns zum Glück nur kleiner Alarm, aber immerhin bei Os-

kar auch Nissen in den Haaren gefunden. Also, immer schön nachgucken, liebe Eltern, nicht vergessen: Haare checken vor dem Einschlafen, Haare checken vor dem Rausgehen! Nimmermüde und immer aufmerksam!

Grüßis,

Tanja

Von: Markus
Betreff: Re: Re: Läuse-Leid, sagt Bescheid!
Datum: 6. Juni 2013 12:23:02
An: Tanja
Kopie: alle

Hi Tanja,

der, der gegen die sch... Läuse einen Impfstoff erfindet, den lade ich persönlich zu einer Kreuzfahrt ein.

Was wir in den letzten zwei Jahren in Nyda* investiert haben, reicht, um einen Kleinwagen zu kaufen. Ich kann nur noch mal darum bitten, dass alle, wirklich alle Eltern hier sorgfältiger werden und den Knirpsen verdammt noch mal vor der Kita auf den Kopf schauen und nicht erst, wenn jemand Alarm geschlagen hat. Oder wir müssen mit Anja und Frau Franke reden, dass sie morgens einmal komplett den Check machen, am besten bevor die Eltern wieder abgehauen sind. Eine Nachbarin sagte kürzlich, dass Weiderindenshampoo bei ihrer Kleinen Wunder wirkt, kennt das jemand von Euch und kann mir sagen, ob das stimmt?

Markus (Ida)

* Nyda: Mittel gegen Läuse und Nissen

Von: Franziska
Betreff: Krankheiten
Datum: 6. Juni 2013 15:43:12
An: alle

Sorry, aber Weiderinden kannst Du vergessen! Nyda, Nyda, Nyda, alles andere ist Unsinn und wirkt einfach nicht. Wir haben eine Zeitlang mit Paracelsia gesprayt, vorbeugend, und dann hatte unser Großer doch wieder Nissen und Elisa dann auch. Ich sehe es wie Markus, wir müssen das in der Kita in den Griff bekommen – und wenn es nach mir ginge, würden wir regelmäßig zwei Elternteile bestimmen, die morgens nur dafür da sind, die ankommenden Kinder zu überprüfen, Frau Franke und Anja schaffen das einfach nicht bei allem, was morgens zu machen ist. Ich weiß nicht, wie die anderen Gruppen das lösen, aber so ein Eltern-Läuse-Dienst könnte auch bei den anderen eine gute Idee sein.
Ich würde mich auch spontan bereit erklären, die erste Schicht zu übernehmen, wenn die Kita zustimmt.
Franziska (Denis und Elisa)

Von: Martina
Betreff: Re: Krankheiten
Datum: 6. Juni 2013 18:11:12
An: Franziska
Kopie: alle

Liebe Franziska,
ich finde diese Läuseplage auch furchtbar, aber ich kann nur
sagen, dass wir keine Zeit haben, morgens noch eine Stunde
in der Kita zu verbringen, weil andere Leute ihre Kinder
nicht gründlich checken können.
Grüße,
Martina

Von: Florian
Betreff: Re: Re: Krankheiten
Datum: 6. Juni 2013 21:35:29
An: Martina
Kopie: alle

Also, ich find's 'ne gute Idee, bin dabei!
Florian

Von: Meike
Betreff: Läuse
Datum: 7. Juni 2013 12:00:29
An: alle

Hallo,
da wir heute wieder ein besonders schönes Exemplar auf
dem Flur gefunden haben (Eric hatte gerade den Schlafan-

zug angezogen, da muss jemand aus dem Gleichgewicht geraten sein), musste gleich wieder die ganze Familie eine Nyda-Kur machen. Meine große Tochter geht schon in die 8. Klasse, ich kann nur sagen, dass ihr das kein Vergnügen bereitet, ständig mit dem Kita-Kram anderer Leute gepeinigt zu werden. Aber Patrouille in der Kita, ich weiß nicht, das ist dann vielleicht bisschen too much, oder? Lieber Parole Augen auf!
Meike

Von: Kilian
Betreff: Re: Läuse
Datum: 7. Juni 2013 14:06:21
An: Meike
Kopie: alle

Guten Morgen,
ich bin absolut gegen eine solche Methode, ich werde es nicht zulassen, dass andere Eltern, und das geht gegen keinen von Euch persönlich, Lina den Kopf untersuchen, die Kita ist keine Kaserne. Ich muss schon sagen, dass uns etwas mehr Distanz zum Thema auch guttäte.
Beste Grüße in die Runde, Kilian

2.

ES LEBE DIE VESPER-DEMOKRATIE!
Kita Im Schlossgarten, Stuttgart

Von: Kita allgemein
Datum: 28. April 2014 07:41:05
Betreff: Neuorganisation Vesper
An: alle

Liebe Eltern,

beim letzten Elternabend haben wir ja bereits ausführlich darüber berichtet, nun möchte ich Euch über den weiteren Vorgang in Sachen Vesper berichten. Ihr habt ja allgemein den Wunsch geäußert, die Versorgung durch die Eltern für den Nachmittag zu verringern bzw. eventuell sogar ganz durch die Bestellung einer Nahrungsmittel-Kiste oder -Box zu ersetzen. Der Reihum-Einkauf einmal im Vierteljahr hat leider nicht so gut geklappt wie erwartet, es gab manche, die dann letztlich so nett waren, zweimal zu gehen, und andere haben ihren Dienst, auch aus guten Gründen natürlich, nicht angetreten. Dankenswerterweise haben sich die Eltern von Elli und Leni bereit erklärt, eine Übersicht zusammenzustellen, welche Alternativen es gibt und welche Kosten/Mühen bei der jeweiligen Variante entstehen. Hier nun also die Zusammenstellung, über die ich gerne mit Euch gemeinsam abstimmen würde.

Diese Abstimmung stelle ich mir wie folgt vor: In der Kita hänge ich morgen früh eine Liste aus, die den jeweiligen Namen des Kindes enthält sowie die Möglichkeit, bei einer der Varianten ein Kreuz zu machen. Ich würde dann in zwei Wochen die Liste wieder abnehmen und das Ergebnis auszählen und Euch umgehend berichten. Wer in den nächsten 14 Tagen nicht selber kommen kann, kann ja vielleicht den abholenden Personen die Erlaubnis geben, ein Kreuz zu machen. Jeder von Euch kann nur eine Stimme abgeben, bitte haltet Euch daran. Das Ergebnis wird dann so schnell wie möglich bindend. So, und nun die Abstimmungsoptionen, deren Vor-

und Nachteile insgesamt, wie ich finde, sehr sachlich und zweckdienlich zusammengefasst wurden:

Eltern versorgen nur ihr eigenes Kind mit einer eigenen Dose. Das heißt, Ihr seid ab sofort dafür verantwortlich, was Ihr den Kindern mitgebt, dafür muss keiner mehr die große Tour machen und hat am Ende das gekauft, was einigen nicht schmeckt, das hatten wir ja nun genug.
Vorteile: Mehr Eigenständigkeit der Eltern, Kosten und Art der Versorgung werden selber bestimmt, auf individuelle Wünsche der Kinder kann besser eingegangen werden, Allergien finden Berücksichtigung. Die Kita hat keinen Orga-Aufwand mehr.
Nachteile: Wie definieren wir, was erlaubt und was nicht erlaubt ist? Z.B. Schoki? Neid unter den Kindern kann schnell entstehen, weil bekanntlich die süßeren Kirschen immer in Nachbars Garten hängen; Aufwand für die Eltern ist hoch, jeden Tag muss etwas mitgegeben werden.

Bestellung einer (Bio-)Kiste
Die Lebensmittel werden bei einem (Bio-)Lieferdienst bestellt. Da es keine sehr großen Preisunterschiede zwischen konventionellen Anbietern, wie z. B. den Supermärkten, und Bio-Kisten gibt, spricht einiges für den Bio-Anbieter. Alle Kinder essen gemeinsam.
Die Kosten belaufen sich auf 30 bis maximal 40 Euro im Vierteljahr.
Vorteile: Es gibt für alle das Gleiche, und das Bio-Essen ist auch noch besonders gesund; Eltern haben überhaupt keine Arbeit und die Kita auch nicht, außer die Bestellung zu managen.
Nachteile: Insgesamt wird durch die Bestellung der finanzielle Einsatz pro Eltern etwas höher. Wer kein Bio-Essen wünscht (gibt es), müsste sich der Mehrheit fügen und das

Bio-Essen mitbezahlen, da diese Regelung auch nur für alle gilt und keine Ausnahmen möglich sind.

Alternativ könnten wir über einen Wechsel von Bio zu Nicht-Bio nachdenken, aber das ist dann wieder für die Bio-Befürworter schwierig.

So, nun wünsche ich freudiges Abstimmen und bin sehr gespannt auf Eure Entscheidung!

Astrid Thiele

Leitung Kita Im Schlossgarten

Von: Isabella Frey
Datum: 28. April 2014 21:12:31
Betreff: Re: Vesper
An: Kita allgemein
Kopie: alle

Liebe Eltern, liebe Astrid,

vielen Dank an das Vesper-Komitee für die ganze Arbeit und Mühe! Den Wirrwar um Bio oder nicht verstehe ich nicht ganz, es scheint mir wenig sinnvoll, eine Bio- mit einer Nicht-Bio-Variante zu mischen, und wer bitte würde für sein Kind keine gesunde, gentechnik- und pestizidfreie Ernährung wünschen? Ich kann mir nicht denken, dass jemand ernsthaft lieber bei Rewe bestellt als beim Bauern. Was ich bei der Bestellvariante nur semigut finde: Ich habe keine Kontrolle mehr darüber, was Charlotte wirklich gegessen hat nachmittags, da sie logischerweise keine Dose mehr mit nach Hause bringt. Hier müssten wir uns dann darauf verlassen, dass Ihr in der Kita im Blick habt, wer was isst, dass man ggf. mal nachfragen kann.

Es grüßt Isabella Frey

Von: Kita allgemein
Datum: 12. Mai 2014 10:11:24
Betreff: Erinnerung Vesper
An: alle

Liebe Eltern,
zur Erinnerung: Der Countdown läuft! Morgen nehmen wir
die Liste ab, die sich inzwischen schon gut gefüllt hat. Aber
noch nicht alle haben abgestimmt. Wer noch eine Stimme
abgeben möchte, der tue das bitte bis morgen um 16 Uhr,
danach will ich keine Klagen hören :-)
Viele Grüße,
Astrid Thiele
Leitung Kita Im Schlossgarten

Von: Kita allgemein
Datum: 27. Mai 2014 07:45:02
Betreff: Entscheidung Vesper
An: alle

Liebe Eltern,
nun sind doch wieder ein paar Wochen ins Land gegangen,
und ich habe leider nicht das Gefühl, dass das Vesper-Thema
wirklich vom Tisch ist. Nach allem, was in den vergangenen
Wochen zu vernehmen war, selbst wenn wir noch mal drei
Wochen warten, sollte sich daran meiner Einschätzung nach
kaum etwas ändern.
Zur Erinnerung, ich hatte das ja bereits gemailt: Die Mehrheit der Stimmen hatte sich auf dem Kita-Aushang ganz klar
für die Bestellung einer gemeinsamen Essenskiste ausge-
sprochen. Allerdings haben nicht alle an der Abstimmung
teilgenommen, und außerdem waren die Einwände der

Selbstversorger so schwerwiegend (finanzielle Gründe: die Kiste IST teurer), dass ich nicht einfach darüber hinweggehen kann und will – auch wenn es ja eigentlich eine Entlastung gibt. Mein Wunsch war es, Euch mit der gemeinsamen Entscheidungsfindung einen Gefallen zu tun und insgesamt für alle eine Entlastung herbeizuführen. Leider hat das nicht geklappt, es ist sehr, sehr viel Unmut entstanden, der es mir wirklich sehr schwer macht, bei diesem Thema gelassen zu bleiben, und Ihr wisst ja, dass ich für gewöhnlich nicht so leicht zu erschüttern bin!

Um den Prozess nun zu einem, wie ich hoffe, guten Ende zu bringen und die Interessen aller zu wahren, schlage ich Folgendes vor:

Wir mischen die Vesperformen. Es wird sowohl die individuelle Versorgung geben als auch die Bestellung bei einem Bio-Lieferanten. Dass ein, zwei Eltern kein Bio wollten, lag daran, dass eine Preissteigerung befürchtet wurde. Da dem nicht so ist, gehe ich davon aus, dass bei einer Bestellung Bio jetzt für alle o.k. ist. Ich weise darauf hin, dass es dank der teilweisen Selbstversorgung Eltern von Allergiker-Kindern besser möglich ist, auf die individuellen Nahrungsmittelbedürfnisse der Kleinen einzugehen. Diese Mischform würden wir gerne eine Zeitlang mit Euch testen, um zu sehen, ob sie praktikabel ist, und dann in ein paar Monaten, wenn es sein muss, noch einmal neu das Thema angehen. Ich schlage vor, dass wir nach Tagen mischen, da sonst Durcheinander zu befürchten ist. Also Montag, Dienstag und Mittwoch Essen aus der Kiste, danach zweimal eigene Versorgung. Reste aus der Kiste können dann Do und Fr mit verwertet werden.

Ich hoffe sehr, dass Ihr diesen Vorschlag zur Güte mittragt!

Eure

Astrid Thiele

Leitung Kita Im Schlossgarten

Von: Henry Schütz
Datum: 27. Mai 2014 13:22:37
Betreff: Re: Entscheidung Vesper
An: alle

Liebe Eltern, liebes Team,
das ist ja nun so eine Sache mit Deinem Vorschlag, Astrid.
Ich darf erinnern: Wir hatten uns auf ein Vorgehen geeinigt.
O. k., statt der Liste in der Kita hätte man das auch digital gestalten können, dann hätte ich zum Beispiel nicht meine
Mutter in einer Last-Minute-Aktion vorbeischicken müssen.
Mal abgesehen davon, dass ernstzunehmende Wahlen eine
nicht unwichtige Grundvoraussetzung erfüllen sollten: dass
sie geheim sind. Das öffentliche Bekanntgeben seines Vo-
tums, für das sich hier entschieden wurde, ist äußerst unge-
wöhnlich und dient meiner Meinung nach nicht dazu, den
Frieden unter den Eltern zu befördern. Die Abgabe ver-
schlossener Umschläge bei einer der Erzieherinnen wäre ein
weit besseres Vorgehen gewesen. Sei es drum.
Es haben sich, wie zu sehen war, 90 Prozent aller Eltern be-
teiligt (eine Wahlbeteiligung, von der man hierzulande nur
träumen kann!), und von denen waren knapp 75 Prozent für
die Bestellung. Mit einer solchen Mehrheit kann man sogar
die Verfassung ändern! Es kann nicht sein, dass hier urde-
mokratische Grundlagen einfach über den Haufen geworfen
werden zugunsten eines Vorgehens, für das es einfach keine
Lobby gibt! Einen halbgaren Vorschlag einer Mehrheitsent-
scheidung vorzuziehen finde ich falsch, zumal ich die Einwände der Kisten-Gegner nicht mal genau kenne.
Allerbeste Grüße,
Henry (Papa von Jonathan)

Von: Xenia Dreischeidt
Datum: 27. Mai 2014 16:11:11
Betreff: Re: Re: Entscheidung Vesper
An: Henry
Kopie: alle

Liebe Eltern,
ich bitte um etwas Verständnis denen gegenüber, die aus fi-
nanziellen Gründen keine Bio-Kiste oder sonstige Kiste be-
stellen möchten. Wir sollten nicht so weit gehen, das in
Bausch und Bogen zu verurteilen, das wäre doch sehr unschön und würde dem eigentlich doch sehr sozialen Miteinander in der Kita nicht gut zu Gesicht stehen. Wir sollten es
anerkennen, dass auch diejenigen, die sich, aus welchen
Gründen immer, gegen die Kiste bekannt haben, so offen zu
ihrer Meinung stehen, dass sie sie auf einer immerhin für alle einsehbaren Liste vermerkt haben.
Allerdings: Ich bin, und ich weiß, dass ich damit nicht alleine bin, eine Mutter, die ihrem Kind nicht morgens das Essen
für nachmittags mitgeben möchte und kann – und das auch
noch an verschiedenen Tagen in der Woche. Wie, bitte, soll
man sich das merken?
Herzliche Grüße
Xenia Dreischeidt (Mama von Hannah)

Von: Nathalie Herzog
Datum: 27. Mai 2014 18:23:01
Betreff: Re: Re: Re: Entscheidung Vesper
An: alle

Hallo in die Runde, liebes Kita-Team, liebe Eltern,
ich bin absolut dagegen, jetzt wieder ewig zu diskutieren.

Nur das nicht! Alle hatten lange Zeit und Raum, alles zu sagen, was sie sagen wollten, ich erinnere daran, dass unser letzter Elternabend bis weit nach 23 Uhr gedauert hat. Es ist alles gesagt. Dass die Kita-Leitung nun einen Kompromiss aus alledem gezogen hat, finde ich in höchstem Maße verdienstvoll. Sie versuchen, allen gerecht zu werden, das ist sehr lobenswert. Ich bin dafür, diesen Beschluss zu akzeptieren. Als Zeichen unseres Vertrauens in diejenigen, die hier tagtäglich hart arbeiten für unser Wohl und das unserer Kinder. Alle weiteren Diskussionen kosten uns und das Team nur unnötige Kraft und Zeit.

Alles Gute, Nathalie

Von: Jan-Olaf Schilling
Datum: 27. Mai 2014 19:58:46
Betreff: Re: Re: Re: Re: Entscheidung Vesper
An: Nathalie
Kopie: alle

Liebe alle,
Henry hat doch absolut recht. Bei einer absoluten Mehrheit ist eine Entscheidung bindend. Was ist nur los, dass das nicht akzeptiert wird? Die Entscheidung für die Bio-Kiste ist sonnenklar getroffen worden. Wo ist das Problem?

Fragt sich
Jan-Olaf

Von: Lore Gabler
Datum: 2. Juni 2014 06:18:14
Betreff: Re: Re: Re: Re: Entscheidung Vesper
An: alle

Liebe Eltern, liebes Kita-Team,
ja, ich gebe zu, es ist verlockend, liebe Nathalie, um des lieben
Friedens willen hier einen Deckel drauf zu machen und den
Kompromiss der Kita anzunehmen. Allein, ich kann das nicht
gutheißen und muss gegen diese krude Idee intervenieren.
Eure Begründung, die Minderheit der Bio-Kisten-Gegner nicht
einfach überstimmen zu wollen, ehrt Euch. Aber wie kommt
Ihr darauf, dass Ihr einfach etwas durchsetzen könnt, für das
es keine Mehrheit gibt? Wenn Ihr einen Mehrheitsbeschluss
nicht akzeptieren könnt, dann bedarf es einer erneuten Abstimmung. Wie in jeder Demokratie. Und wenn die Mehrheit
für Euch keine Aussagekraft hat, dann müssen wir dringend
über die Regeln der Beschlussfindung diskutieren. Im Übri-
gen befürworte auch ich geheime Wahlen, allein die Tatsache,
dass derart öffentlich abgestimmt wurde, spräche dafür, den
Vorgang unter anderen Vorzeichen zu wiederholen.
Und wer kann es allen Ernstes praktisch finden, an jedem
neuen Tag der Woche überlegen zu müssen, was nun für eine Verpflegung angesagt ist? Auf diesen logistischen Wahnsinn zu verzichten ist mir allemal eine minimale preisliche
Erhöhung wert. Von mir aus könnte die auch noch höher sein.
Die Variante des Sammeleinkaufs haben wir ja nicht ohne
Grund abgelehnt. Das war kompliziert, und genau wie Astrid
sagt, manch einer hat's halt mal nicht geschafft. Und nun
wieder Brotdosen? Soll das im Ernst weniger Arbeit machen
als das Einkaufen für alle? Das glaubt ja wohl niemand. Habt
Ihr Lust und Zeit, immer wieder neu zu diskutieren, ob der
Fruchtzwerg nun o. k. war oder nicht und ob das eigene Kind

nun auch endlich die Reiswaffeln mit Schokolade bekommt
und nicht immer nur die ollen ohne? Und dann wieder die
Dosen fremder Leute zu Hause, weil sie IMMER durcheinan-
dergeraten etc.

Und nun zu dem, was mich eigentlich bewegt: Was, wenn
ein Kind, und ich bin mir sicher, dass Emilia nicht die einzige
Betroffene sein wird, mal keine Dose an einem Dosen-Tag da-
beihat? Weil ihre beruflich stark eingebundenen und mit
zwei weiteren Kindern gut ausgelasteten Eltern nicht die Mu-
ße hatten, lange darüber nachzudenken, ob nun Dosen- oder
Nicht-Dosen-Tag ist? Ist die triste Folge dieses Vergessens
dann, dass das Kind KEINE Vesper bekommt und den anderen beim Essen zuschaut? Sollen wir Notfallkekse in den Ki-
ta-Schrank packen?

Ganz ehrlich: Die Mehrheit hat nichts gegen etwas höhere
Ausgaben, die uns das Leben leichter machen. Für alle anderen könnten wir ja einfach den Betrag aufstocken. Ich wäre
dabei.

Ich habe leider erleben müssen, was es heißt, wenn Be-
schlüsse von oben getroffen werden und die Meinung der
Mehrheit mit Füßen getreten wird. Als Errungenschaft von
1989 bestehe ich auf Demokratie!

Lore

Von: Sophia Hennings
Datum: 2. Juni 2014 23:22:06
Betreff: Re: Re: Re: Re: Re: Entscheidung Vesper
An: alle

Liebe Eltern, liebe Kita,
ich muss mich Lore anschließen. Geld ist ja nun wirklich
nicht das Problem. Außerdem isst mein Kind eh nie, was ich
ihm mitgebe.
Sophia (Laurin)

Von: Nathalie Herzog
Datum: 2. Juni 2014 23:33:19
Betreff: noch mal Vesper
An: alle

Liebes Team, liebe Eltern,
diese Streiterei macht mich unendlich traurig. Ich bin scho-
ckiert über den Tonfall, den manche Eltern hier wählen und
auch auf Fluren und beim Elternabend gewählt haben. Ich
finde, die Kita-Leitung hat sehr einleuchtend erklärt, dass die
Entscheidung für die Mischform aus Dose und Kiste nicht
leichtfertig getroffen wurde, sondern das Ergebnis reiflicher
Erwägungen gewesen ist. Es ist bedauerlich, dass der ganze
Unmut und die Äußerungen mancher Eltern das Team nun
in dieser Weise belasten. Wir leben in dem dankbaren Be-
wusstsein, dass unsere Kinder (Emil und Luisa) hier gut auf-
gehoben und umsorgt sind und in einer liebevollen und en-
gagierten Gemeinschaft die Tage verbringen. Ich wünsche
mir nur, dass wir im Sinne eines respektvollen Umgangs
miteinander diese Debatte nun beenden.
Nathalie und Thomas Herzog

Von: Annette Hesse
Datum: 6. Juni 2014 16:19:06
Betreff: Re: noch mal Vesper
An: alle

Liebe Eltern,
als Eure Vertreter haben wir nun ein ausführliches Gespräch
mit der Kita-Leitung geführt. Wir haben die Argumente derer, die die Misch-Variante zu aufwendig finden, vorgebracht
und haben vorgetragen, was uns die gesagt haben, die keine
Mehrkosten möchten und auch nicht aus einem Spendentopf
ernährt werden wollen. Kurz: Die Situation ist festgefahren.
Die Kita-Leitung bleibt dabei, die genannte Regelung ein hal-
bes Jahr lang auszuprobieren und dann erneut abzustimmen. Es mag Eurem Gerechtigkeitsempfinden widersprechen und weitere emotionale Wogen auslösen, aber ich bitte
Euch dringlich, keine weitere Eskalation zu provozieren. Das
Kita-Personal hat einfach keine Zeit, sich mit diesem Rand-
problem derart lange zu befassen. An alle, die nicht aufgeben
wollen: Gestresst, berufstätig etc. bin ich auch, ich kann Euch
verstehen, aber ich weiß nun sicher, dass dieser Mail-Schlag-
abtausch zu keinem anderen Ergebnis führen wird.
Es grüßt
Annette, Elternvertretung Kita Im Schlossgarten

Von: Kita allgemein
Datum: 21. Juni 2013 19:23:02
Betreff: Danke
An: alle

Liebe Eltern,
bevor ich jetzt in die Pfingstferien verschwinde: Montag,
Dienstag und Mittwoch nach den Ferien sind die ersten Kis-
ten-Tage. Danach dann Dosen-Tage.
Eine schöne Zeit wünscht
Astrid Thiele
Leitung Kita Im Schlossgarten

3.

WAS SCHENKEN WIR FRAU STARK?
Kita Über den Wolken, Berlin

Von: Marielle
Betreff: Geschenk
Datum: 8. Februar 2012 14:07:12
An: alle

Liebe Eltern,
wie Ihr vielleicht wisst, hat Frau Stark am 15. Geburtstag.
Wollen wir ihr nicht ein gemeinsames Geschenk machen?
Fragt Marielle

Von: Julia
Betreff: Re: Geschenk
Datum: 8. Februar 2012 15:22:11
An: Marielle
Kopie: alle

Hallo zusammen, gute Idee, und ich habe auch gleich einen
Vorschlag: Habe neulich alte Bücher wiederentdeckt: »Trotz-
kopf« und »Nesthäkchen«, Letzteres von Else Ury, die ja ein
durchaus bewegtes Leben hatte. Könnte Frau Stark vielleicht
noch selber gelesen haben früher, oder?
Julia

Von: Annett
Betreff: Re: Re: Geschenk
Datum: 8. Februar 2012 17:44:08
An: Julia
Kopie: alle

Liebe alle, ein gemeinsames Geschenk halte ich für eine sehr
gute Idee, aber NESTHÄKCHEN? Ist das nicht von vorvorvor-

gestern? Ich kenne das persönlich nicht, aber meine Mutter meinte, dass ihre Mutter das noch gelesen hat, ich meine, Frau Stark wird höchstens 55, finden wir nicht etwas modernere Kindererzählungen oder Lebensgeschichten von Frauen? Ich biete gerne an, am Wochenende mal einen Besuch bei Thalia zu machen.
Annett

Von: Maja
Betreff: Re: Re: Re: Geschenk
Datum: 8. Februar 2012 17:49:00
An: Annett
Kopie: alle

Hallo,
möchte mich Annett gerne anschließen, ich denke auch, dass manche Bücher zu Recht in der Versenkung verschwunden sind, hier werden Familien- und Frauenbilder transportiert, die man nur schwer in Einklang bringen kann mit moderner Erziehung oder modernem Familienleben, ich könnte mir vorstellen, dass Frau Stark sich fragt, warum wir ihr ausgerechnet so etwas schenken. Nicht dass sie uns für allzu rückwärtsgewandt hält ... Leider fällt mir momentan auch nichts Tolleres ein, ich komme leider so gar nicht mehr zum Lesen in letzter Zeit ...
Maja

Von: Hannes
Betreff: Re: Geschenk
Datum: 8. Februar 2012 17:53:03
An: Marielle
Kopie: alle

Es gibt Pumuckl als DVD-Box!
Hannes

Von: Sabrina
Betreff: Re: Re: Re: Re: Geschenk
Datum: 8. Februar 2012 17:56:33
An: Maja
Kopie: alle

Jungs, keine eigenen Wünsche, bitte, @Martina, schreib Dir
das doch gleich mal für Ostern auf, was Dein Mann sich hier
wünscht :-))
Es grüßt Sabrina

Von: Hannes
Betreff: Re: Re: Re: Re: Re: Geschenk
Datum: 8. Februar 2012 18:05:34
An: Sabrina
Kopie: alle

Das war ernst gemeint, ich habe die schon, ist saukomisch,
die alten Folgen wiederzusehen!
Hannes

Von: Christiane und Marc
Betreff: Re: Re: Re: Re: Re: Re: Geschenk
Datum: 8. Februar 2012 19:00:23
An: Hannes
Kopie: alle

Lieber Hannes, liebe alle,
zunächst einmal möchte ich sagen, dass wir eher gegen Else Ury sind, wir haben das eben mal gegoogelt, sooo wahsinnig altmodisch ist das vielleicht nicht, aber wir sehen den Bezug zu Frau Stark nicht so ganz, leider auch bei Pumuckl nicht, lieber Hannes, so gerne wir das zu Hause inzwischen zu dritt gucken, Lena ist ganz verrückt nach dem kleinen Kobold. Vielleicht hätte sie Freude an einem Geschenk, das nichts mit ihrer Arbeit und dem Thema Kinder zu tun hat?
Christiane und Marc

Von: Julia
Betreff: Re: Re: Re: Re: Re: Re: Re: Geschenk
Datum: 8. Februar 2012 22:37:16
An: Christiane und Marc
Kopie: alle

Kann das sein, dass zwar alle meine Idee blöd finden, aber noch keiner in der Lage war, etwas Konstruktives beizutragen? Hauptsache, erst mal alles schlechtreden, kann es sein, dass keiner die Bücher je in der Hand hatte?
Grüße, Julia
PS: Ich bin gerne bereit etwas zu besorgen, aber mit Ideen halte ich mich dann erst mal zurück.

Von: Annett
Betreff: Neuer Versuch, Geschenk
Datum: 9. Februar 2012 10:33:41
An: alle

Hi Julia, hi alle,
wir werden es ja wohl schaffen, ein schönes Geschenk zu
kaufen. Was haltet Ihr denn von einem Gutschein für Thalia? Dann kann sie sich selber etwas aussuchen?

Von: Hannes
Betreff: Re: Neuer Versuch, Geschenk
Datum: 9. Februar 2012 10:37:09
An: Annett
Kopie: alle

Bingo!
Hannes

Von: Marielle
Betreff: Re: Neuer Versuch, Geschenk
Datum: 9. Februar 2012 17:22:01
An: Annett
Kopie: alle

Hallo zusammen,
damit haben wir zwar nicht das persönlichste Geschenk aller
Zeiten, aber bevor wir uns total vertun, scheint mir das auch
sinnvoll zu sein. Ich könnte noch einen kleinen Blumen-
strauß besorgen, und wenn Du, Annett, tatsächlich bei Thalia vorbeigehen könntest, wäre das toll. Wir könnten ihr das

Mittwoch so gegen 13.00 Uhr geben, passt Dir das? Wie viel möchten wir denn ausgeben? So 2 Euro pro Kind?
Marielle

Von: Annett
Betreff: Frage
Datum: 9. Februar 2012 22:05:11
An: Marielle

Liebe Marielle, finde Deine Idee gut, aber meinst Du, Julia ist jetzt ernsthaft beleidigt? Sie muss doch mal aushalten, dass andere auch 'ne Meinung haben, oder???? Bei der weiß man manchmal echt nicht mehr, was man sagen soll, die geht gleich auf'n Baum. In Eile, Annett
13.00 Uhr ist perfekt!

4.

WIE WOLLEN WIR KOMMUNIZIEREN?
Kita Im Zwergenpalais, Düsseldorf

Von: Andreas
Betreff: Wir
Datum: 6. September 2012 17:51:33
An: alle

Hallo zusammen,
schön, dass wir uns endlich einmal alle (na ja, fast alle) kennengelernt haben. Uns steht eine spannende Zeit bevor! Ich habe mir mal ein paar Gedanken gemacht, wie wir uns in Zukunft austauschen können, Termine verabreden, Transporte organisieren etc. etc.
Ich schlage daher einen Kommunikationsweg vor, der uns heutzutage herrlicherweise offensteht (o. k., es ist nur einer von vielen, glaubt mir, es gibt noch mehr!):
Die Google Group!
Ihr wisst nicht genau, was das ist und wie das funktioniert? Na ja, wo man das nachlesen kann, das wisst Ihr!
Es grüßt Andreas Lange

Von: Christine
Betreff: Re: Wir
Datum: 6. September 2012 17:59:01
An: Andreas
Kopie: alle

Lieber Andreas,
danke für Deine Mühe. Aber wieso Google? Wir haben doch Mailadressen?
Liebe Grüße
Christine

Von: Sven
Betreff: Re: Wir
Datum: 6. September 2012 18:12:23
An: Andreas
Kopie: alle

Hi Andreas,
super, danke. Bin sehr für Google, nutze ich privat auch, o. k.,
das ist auch privat, weißt schon. Einfach zu bedienen, versteht jeder.
Herzlich,
Sven (Papa von Luca)

Von: Daniela
Betreff: Re: Wir
Datum: 6. September 2012 21:38:02
An: Andreas
Kopie: alle

Hallo Ihr alle,
freut mich auch, dass wir endlich Gelegenheit haben werden,
uns in Ruhe auszutauschen. Ich bin ja der Meinung, dass
Facebook am einfachsten ist, oder ist jemand nicht Mitglied
bei Facebook? Oder kann sich das auf gar keinen Fall
vorstellen?
Ich freue mich auf den Austausch mit Euch!
Grüße von Daniela (Mia)

Von: Oliver
Betreff: Re: Re: Wir
Datum: 7. September 2012 06:22:11
An: Daniela
Kopie: alle

Guten Morgen, liebe Mitstreiter,
einer Facebook-Gruppe würde ich in gar keinem Fall beitre-
ten, das schließe ich für uns vollkommen aus. Aber bevor ich
hier zum Nerd abgestempelt werde: Wenn Ihr nur ein bisschen die aktuellen Diskussionen mitverfolgen würdet, solltet
Ihr einsehen, dass wir unseren Kindern auch in Sachen Me-
dienkompetenz ein Vorbild sein müssen. Dazu gehört aber
meiner Meinung nicht, unbedarft alle unsere Daten in Facebook hochzuladen und intime Themen und Meinungen auf
dieser Plattform auszubreiten. Ich würde ungerne Pädagogi-
sches dort thematisieren, ein Foto unseres Sohnes würde ich
niemals dort hochladen, man weiß ja gar nicht, wo das am
Ende alles gespeichert wird, und, und, und. Also, Christine,
ich gebe Dir recht: Wir haben ja schon alle dauernd Zugang
zu unseren Mails, das sollte wohl genügen, den klassischen
Mailverteiler zu verwenden, zumal wir ja nun alle unsere
Adressen offengelegt haben.
Ich fand übrigens Frau Haller richtig klasse und freue mich,
dass wir sie neu dazugewonnen haben für unsere Zwerge.
Einen schönen Tag wünscht Oliver (Felix)

Von: Patrick
Betreff: Re: Wir
Datum: 7. September 2012 11:56:06
An: Andreas
Kopie: alle

Hello Andreas,
na, da hast Du Dir was angelacht, leg Du doch einfach fest,
wie wir das regeln, dann werden schon die meisten folgen,
ich sag mal, wer fragt, bekommt Antworten, und davon hab
ich hier jetzt auch schon reichlich im Kasten, also wär's doch
das Beste, wenn Du da den Deckel zumachst. Mache alles
mit, Tanja (Frau) auch. Scheinen übrigens Nachbarn zu sein
(Rotherweg).
Patrick (Lea-Sophie und Anna-Louisa)

Von: Annika
Betreff: Re: Re: Wir
Datum: 7. September 2012 13:22:09
An: Andreas, Christine
Kopie: alle

Lieber Andreas,
herzlichen Dank für den Vorschlag zu unserem Austausch.
Ich bin mir auch nicht sicher, ob es einen Vorteil bietet,
wenn wir statt der klassischen Mailerei nun auf Gruppen aus-
weichen und so, ich wüsste auch ehrlicherweise nicht, wie
man so was installiert (Groups), und finde es immer schön,
wenn sich der Aufwand in Grenzen hält, so viel Zeit habe ich
dann auch nicht.
Liebe Grüße und nichts für ungut
Annika (Mama von Maja)

Von: Andreas
Betreff: Unsere Kommunikation
Datum: 7. September 2012 19:44:28
An: alle

Liebe Eltern,

ich danke für Eure zahlreichen Rückmeldungen und Anregungen zu unserer künftigen Kommunikation. Ich sehe, dass ich vielleicht noch etwas präziser hätte werden können, und möchte das nun nachholen, um Euch zu zeigen, warum aus meiner Sicht der Austausch über eine Community oder Cloud sehr viel einfacher und auch sympathischer ist als das klassische Mailen.

Ich habe jetzt schon Angst vor den ersten Fotos vom Laternenfest, wenn nur jeder von uns 5 MB verschickt, summiert sich das auf unvorstellbare Datenmengen, die behäbig durch die Leitungen wandern. Bei Google hochgeladen, haben wir gar keine schweren Anhänge, jeder kann zugreifen und sich die Bilder ansehen, wann er mag.

Außerdem finde ich es immer schön, wenn man das Gesicht zum Namen hat, ein kleines Profilbild hilft dabei, das haben wir ja beim Mailen auch nicht.

Wie Facebook auch funktioniert Google Groups ohne Installation und ist sehr einfach: Man hat gemeinsam nur eine Mailadresse, über die wir alle gleichzeitig erreichbar sind. Dann kann man in der Struktur verschiedene sogenannte Threads anlegen, also Themen (»Organisatorisches«, »Elternversammlung«, »Freizeit«), und alle Kommunikation zu diesen Themen wird dort zugeordnet, das ist schön übersichtlich. Bilder s. oben, kein Rumschicken mehr.

O. k., man muss sich erst mal ein bisschen reinfuchsen, aber das ist machbar.

Zu Facebook hat ja inzwischen fast jeder seine Meinung, die

auch nicht immer die beste ist, wie wir gesehen haben. Aber: Kommentare, Bilder, Austausch – das alles geht hier noch schneller als bei Google. Aber ich respektiere es, wenn jemand hier kein Vertrauen hat.

Beides kostet nichts.

So, ich hoffe, dass es Euch nun etwas leichter wird mit der Entscheidung, ich möchte nicht im Alleingang etwas beschlie-ßen.

Daher meine Bitte, dass Ihr an der kleinen Doodle-Umfrage hier: (LINK) mitmacht und wir so eine Mehrheit finden.

Vielen Dank und viele herzliche Grüße von Andreas

(Nein, ich bin nicht Systemadministrator oder etwas in der Art, weil ich das gefragt wurde.)

Von: Andreas
Betreff: Willkommen in der Google Group!
Datum: 20. September 2012 23:02:22
An: alle

Hallo Ihr Lieben,

danke für Eure Stimme, das Ergebnis ist eindeutig und ich freue mich, Euch demnächst unter mailadresse@google-groups.com zu erreichen.

Herzlich,

Andreas

5.

GEMEINSAM GRILLEN: VIEL SCHWERER, ALS MAN DENKT

Kindergarten Fuchsbau, bei Osnabrück

Von: Micha und Nathalie
Betreff: Grillen, das erste
Datum: 12. September 2012 15:03:24
An: alle

Liebe Mit-Eltern, liebe Neumitglieder in dieser Gruppe, während unsere Kleinen langsam warm werden mit ihrem neuen Alltag und der liebevollen Betreuung durch Mimi und Marina, finde ich es höchste Zeit, dass auch wir uns als Gruppe etwas näher kennenlernen! Ich möchte Euch also daher herzlich zu einem ersten gemeinsamen Grillen einladen! Am 19. September, auf der Wiese hinter der Bäckerei Ellersiek, ab 15.30 Uhr!
Jetzt werdet Ihr Euch fragen, ob Ihr etwas mitbringen solltet. Ja, das wäre in der Tat sehr klasse, wenn jeder etwas beisteuert! Aber bitte teilt es mir über die Gruppe oder über die Liste im Kindergarten mit, wer was mitbringt, sonst haben wir am Ende 8 x Sandkuchen mit Smarties und vier Nudelsalate und nur Geflügelwürstchen, es wäre mir ganz lieb, wenn wir das ein bisschen verteilen könnten vorab!
Ich hab auch mit Eltern der anderen Gruppen gesprochen, auch da gab es Interesse, vielleicht haben wir so am Ende ein wunderbares Kindergartenfest im Grünen – so denn das Wetter mitspielt, aber da wollen wir doch alle zuversichtlich sein, es sieht ja gut aus!
Herzlich,
Micha und Nathalie (Mona)

Von: Kai
Betreff: Re: Grillen, das erste
Datum: 12. September 2012 16:13:21
An: Micha und Nathalie
Kopie: alle

Hallo in die Runde,
Leon ist dabei. Ich auch.
Kai

Von: Beate
Betreff: Re: Re: Grillen, das erste
Datum: 12. September 2012 16:22:21
An: Kai
Kopie: alle

Liebe Eltern,
es wäre doch schön, wenn jeder gleich dazusagen könnte,
was er mitbringt, vielleicht einfach schnell mit in die Nachricht schreiben, absolut richtig, Micha und Nathalie – ich sehe schon die langen Gesichter bei kiloweise Nudelsalat.
Wir sind in jedem Fall dabei und bringen Auberginenröll-
chen und Würstchen mit (Schwein).
Was ist die Schlechtwetteralternative?
Viele Grüße,
Beate

Von: Kai
Betreff: Re: Re: Re: Grillen, das erste
Datum: 12. September 2012 19:57:21
An: Beate
Kopie: alle

O. k., sorry, Würstchen, 4 x Schwein.
Kai

Von: Claudia
Betreff: Re: Grillen, das erste
Datum: 12. September 2012 21:07:21
An: Micha und Nathalie
Kopie: alle

Hallo allerseits,
Nayeli kommt gerne. Ich frage mich nur, warum Ihr ausgerechnet diesen Termin ausgesucht habt, vormittags
Schwimmbad, nachmittags Grillen, ist das nicht ein bisschen viel? Nayeli ist immer ganz überdreht, wenn der Tag so
voll ist, und das wisst Ihr ja auch, wer dann das Nachsehen
hat ...
Herzlich, Claudia

Von: Claudia
Betreff: Re: Grillen, das erste
Datum: 13. September 2012 11:27:39
An: Micha und Nathalie
Kopie: alle

Käsekuchen für den Nachtisch, wir essen kein Fleisch.

Von: Jan
Betreff: Re: Re: Grillen, das erste
Datum: 13. September 2012 16:11:39
An: Claudia
Kopie: alle

Hallo,
kann da Claudia nur zustimmen, uns wird das in jedem Fall
zu viel, und so wird Tabea am ersten Grillen nicht teilnehmen können, weil wir nicht erst am Bad abholen und dann
zum Grillen fahren können (warum müssen wir eigentlich
selber abholen, hat das mal einer hinterfragt?). Ich finde, die
ohnehin schon pickepackevollen Tage müssen nicht noch
künstlich voller gemacht werden, und daher hätte ich mich
über eine gemeinsame Terminfindung sehr wohl gefreut.
Viele Grüße von Jan

Von: Micha und Nathalie
Betreff: Re: Re: Re: Grillen, das erste
Datum: 13. September 2012 17:26:59
An: Claudia, Jan
Kopie: alle

Liebe Claudia, lieber Jan,
was die Terminplanung angeht, sind wir leider vollkommen
unschuldig! Der Ausflug wurde ja erst ziemlich kurzfristig
beschlossen, und da hatten wir in der Gesamtelternver-
sammlung schon überlegt, was ein guter Grill-Termin vor
den Ferien sein könnte! Ich wollte dann auch keine Riesen-
diskussion anfangen, um einen Termin zusammen zu er-
mitteln, so was ist bei so vielen einfach zu schwierig, und so
haben wir einen Termin mit Gutwetteraussicht gewählt!

Nach den Ferien ist dann schon wieder zu viel Regengefahr, und dann kommt das Laternenfest und so weiter.
Ich danke für Euer Verständnis!
Liebe Grüße,
Micha und Nathalie

Von: Petra
Betreff: Re: Grillen, das erste
Datum: 13. September 2012 18:34:59
An: Micha und Nathalie
Kopie: alle

Hallo,
Joshua ist dabei und bringt noch seinen Bruder Vincent mit. Wir bringen Frischkäse-Gurken-Sandwiches und ein bisschen Fleisch mit. Was meint Ihr, wie lange das Grillen dauern wird? Wir können leider nicht so lange bleiben (nur bis 17 Uhr).
Viele Grüße,
Petra

Von: Micha und Nathalie
Betreff: Re: Re: Grillen, das erste
Datum: 18. September 2012 12:30:17
An: Petra
Kopie: alle

Liebe Eltern, liebe Petra,
ich würde sagen, das Grillen ist open end (so bis 19 Uhr?)! Wie schön, dass so viele bereits zugesagt haben, und verhungern werden wir auch nicht! Wir haben jetzt zwar zwei Scho-

kokuchen, aber davon kann man ja erfahrungsgemäß nicht genug haben. Es sei denn, eine von Euch – Rita und Isabell sind die Spenderinnen – will noch mal umdisponieren und eher noch Wurst mitbringen?
Freuen uns sehr auf morgen!
Micha und Nathalie

6.

WIR BRAUCHEN EIN GARTENKONZEPT
Kindergarten Findefüchse, Hamburg

Von: Kathi
Betreff: Was wird getan // Garten
Datum: 16. Mai 2014 20:34:11
An: alle

Liebe Miteltern,
ich möchte heute mal ein Thema ansprechen, das ich schon
seit einiger Zeit mit mir herumtrage: die Gartengestaltung.
Findet Ihr nicht auch, dass unsere Kids sich draußen mit
sehr wenig begnügen müssen und keinerlei wirklich anspre-
chenden Angebote finden? Ich fände es schön, wenn sich ein
paar von uns zum Beispiel zu einer Art AG zusammenfän-
den, um gemeinsam ein gut durchdachtes Gartenkonzept zu
erstellen, das wir dann gemeinsam mit der Kita in Angriff
nehmen könnten, Eigenbeteiligung unsererseits natürlich
vorausgesetzt.
Bin gespannt auf Eure Ideen!
Kathi (mit David)

Von: Solveig
Betreff: Re: Was wird getan // Garten
Datum: 16. Mai 2014 20:44:34
An: Kathi
Kopie: alle

Liebe Kathi,
ist sicher gut gemeint, aaaber: Ich für meinen Teil brauche
kein Konzept, echt nicht, nette Erzieherinnen, liebevolle Betreuung, Luft und Licht und Sauberkeit, das reicht uns
schon. Und das haben wir meiner Meinung nach bei den
Füchsen schon.
Solveig (Lina)

Von: Jörn und Steffi
Betreff: Re: Was wird getan // Garten
Datum: 17. Mai 2014 11:02:22
An: Kathi
Kopie: alle

Liebe Kathi,
danke für Deine Initiative, die wir (Stefanie und ich, Elis von Johanna und bald noch einem kleinen Scheißerchen) sehr begrüßen. Wir finden es auch immer ziemlich traurig, dass die Kleinen eigentlich nur die Sandkiste haben und die Schaukel, die auch schon bessere Tage gesehen hat. Neulich zum Beispiel war die Sitzfläche von Vögeln ganz verschissen, bis das mal einer weggemacht hat, hat es den halben Tag gedauert, da konnten die Kleinen gar nichts groß machen draußen. Wir sind ja nur eine kleine Gruppe, aber gerade deswegen sollten wir uns zusammentun und der Kita mit einem guten Konzept weiterhelfen. Sind dabei!
Jörn und Steffi

Von: Leif
Betreff: Re: Was wird getan // Garten
Datum: 17. Mai 2014 17:44:20
An: Kathi
Kopie: alle

Hallo Kathi, hallo alle, ich habe mal geschaut, eine neue Schaukel mit angeschlossener Klettermöglichkeit ist nicht so teuer, auch ein Kinderhaus mit Leiter fände ich toll, irgendetwas, dass sie ein bisschen klettern können und balancieren. Würde das der Kita gerne vorschlagen und helfe auch beim Aufbau gerne mit! Leif (Felix)

Von: Anke
Betreff: Re: Was wird getan // Garten
Datum: 18. Mai 2014 07:13:20
An: Kathi
Kopie: alle

Hallo zusammen,
klar, wir haben ja noch nicht genug zu tun, jetzt treffen wir
uns noch 4 x die Woche in einer Garten-AG, sorry, Kathi, ich
weiß, das war gut gemeint, aber die Kinder brauchen doch
nicht noch mehr Entertainment, der Garten ist groß, sie können rennen, sich verstecken, im Sand buddeln und schau-
keln, ich wüsste nicht, was wir da noch bieten müssen, außerdem will ich nicht mal dran denken, was los ist, wenn der
Erste vom Klettergerüst auf die Nase plumpst und sich einen
Zahn ausschlägt ... Würde sagen: R.I.P. Gartenkonzept ...
Etwas im Stress momentan,
Anke (Fynn)

Von: Kirsten
Betreff: Re: Re: Was wird getan // Garten
Datum: 18. Mai 2014 14:05:34
An: Anke
Kopie: alle

Hallo Ihr Lieben,
gute Idee von Kathi und Leif, es gibt TÜV-geprüfte Klletterge-
rüste, das hat ja eigentlich auch jede größere Kita derzeit, so
ein Ding, ich finde, das sollten wir den Füchschen gönnen.
Anteilige Finanzierung über Kita und uns fände ich einen
gangbaren Weg.
Kirsten

Von: Christine
Betreff: Re: Re: Was wird getan // Garten
Datum: 18. Mai 2014 16:58:00
An: Anke
Kopie: alle

Liebe Mit-Eltern,

gute Idee grundsätzlich, aber in Sachen Finanzierung ist ja wohl eher die Kita dran als wir, findet Ihr nicht? Nicht dass ich nicht auch was dazugeben würde, aber so vom Prinzip her. Aber wo wir gerade dabei sind, nicht nur der Garten ist ein Problem, ich finde es fast noch bedenklicher, dass wir, wenn man mal mit anderen Einrichtungen vergleicht, auch bei anderen Aktivitäten echt weit hinten liegen. Was ist zum Beispiel aus der Lese-Patenschaft geworden? Das hat doch mal gerade 2 Monate gehalten, und ich weiß von Hannah, dass die Kids das prima fanden. Die Kita, wo meine Schwester die Kinder hat, macht noch ganz andere Sachen: mehr Ausflüge als einmal Bötchen fahren im Sommer, die gehen in Museen, ins Konzert, laden Musiker auch mal in die Kita ein und so weiter und so fort. Muss man nicht extra drauf hinweisen, dass das damit bei uns eher mau aussieht ...
Christine Timm (Ben und Hannah)

Von: Wiebke
Betreff: Re: Re: Re: Was wird getan // Garten
Datum: 18. Mai 2014 17:06:04
An: Christine
Kopie: alle

Ich weiß nicht, solange die Kinder in die Zwergengruppe gehen, finde ich es völlig o. k., dass sie nicht ständig in der Stadt unterwegs sind, dazu gibt's doch auch gar nicht genügend Leute. Wenn nicht massiv Eltern mit reingehen in so Termine, ist das nicht realistisch.

Wiebke grüßt aus dem Zug (und hat Empfang, wow!)

Von: Simone
Betreff: Re: Re: Re: Re: Was wird getan // Garten
Datum: 18. Mai 2014 20:06:51
An: Wiebke
Kopie: alle

Liebe Wiebke,
völlig richtig! Lasst uns noch ein Jahr warten, bevor wir da Druck machen, sie sind doch echt noch Minis!
Simone (Mama von Luca)

Von: Tobias
Betreff: Re: Re: Re: Re: Re: Was wird getan // Garten
Datum: 18. Mai 2014 22:26:00
An: alle

Hallo zusammen,
da muss ich dann doch mal widersprechen: Ich kenne auch andere Kitas, in denen auch die ganz Kleinen mehr machen als bei uns – und ich meine damit nicht, dass sie jede Woche externe Termine wahrnehmen. Aber was haben wir denn letzte Weihnachten gemacht? Einmal basteln mit den Eltern und Geschwisterkindern, und das war's. Kein Nikolaus, keine Krippe, nix. Von anderen weiß ich, dass sie auch mit den Kleinsten Stücke einstudieren, zusammen einen Bäcker besucht haben, der Stollen macht, und alle durften mal Teig

probieren – so Sachen, die nicht verlangen, dass sieben Eltern-
paare mitgehen. Die Lesepatin vermisst Moritz übrigens auch,
die Dame war wohl echt süß.
Tobias

Von: Frauke
Betreff: Betreuung
Datum: 19. Mai 2014 12:00:08
An: Tobias
Kopie: alle

Hallo zusammen,
kann es sein, dass Ausflüge nicht angeboten werden, weil es
zu wenig Betreuung gibt? Ich denke nicht, dass man Personal so einfach durch Eltern ersetzen kann. Gibt's da nicht so
einen Betreuungsschlüssel oder irgendetwas?
Frauke

Von: Verena
Betreff: Re: Betreuung
Datum: 19. Mai 2014 17:07:22
An: Frauke
Kopie: alle

Liebe Frauke,
nein, soweit ich weiß, gibt es für Ausflüge keinen Betreuungsschlüssel, der von dem der normalen Kitazeit abweicht.
Dahinter sollte sich also keiner verstecken. Aber wenn ich
mal daran erinnern darf, es war ja sehr wohl ein Besuch des
Weihnachtsmarktes eingeplant, und dann war die Praktikantin krank, und die Eltern, die sich erst bereit erklärt hatten,

mitzugehen, haben ziemlich kurzfristig abgesagt, das habe ich hoffentlich nicht ganz falsch in Erinnerung. Kann auch sein, dass das denen jetzt zu unsicher ist, wieder was zu planen und dann doch alleine dazustehen.

Grüße von Verena (Nola)

Von: Heike
Betreff: Re: Re: Betreuung
Datum: 19. Mai 2014 18:03:29
An: Verena
Kopie: alle

Hallo,

bei 15 Kindern sollten es mindestens zwei Erzieher und zwei Elternteile sein, die mitgehen, und die Praktikantin, das haben wir zumindest in der Einführungszeit immer so gehört, dass man sich sehr wohl an Ausflüge rantraut und auch das Personal hat. Liegt es jetzt also daran, dass sich nicht genug Eltern finden, die begleiten? Kann ich eigentlich nicht glauben, weil ich ja immer wieder auch in der Kita gesagt habe, dass ich tagsüber eigentlich flexibel bin. Ist schon ein bisschen komisch ... Ich denke aber, dass es auch nicht um die großen Ausflüge gehen sollte. Ich frage mich immer wieder, warum die Kids bei schönstem Frühlingswetter im Haus bleiben müssen, während alle anderen draußen sein dürfen. Und Weihnachten wäre ich auch dabei gewesen, um das mal klarzustellen.

Und wg. Gerüst: Das soll mal schön der Träger übernehmen, wozu zahlen wir denn diese ganzen Gebühren? Damit unsere Kids, wenn überhaupt, auf einer verdreckten Schaukel sitzen, bis wir die schönen neuen Geräte kaufen?

Heike (Maya)

Liebe Miteltern,
ich berichte von der Elternvertreterversammlung via Protokoll noch genauer, aber hier schon mal vorab: Ich habe die z. T. geäußerten Wünsche bezüglich Garten vorgebracht und siehe da: Das Thema war ihnen nicht unbekannt, es wird für diesen Sommer ein Budget geben, dass davon ein neues Gerät angeschafft wird. Welches das sein wird, das entscheidet der Träger gemeinsam mit der Leiterin und den Erzieherinnen, darauf sollten wir also vertrauen. Die Gespräche mit dem Bauamt sind bereits angebahnt, ich denke, sie werden auch noch ein Wörtchen mitzureden haben, was genau erlaubt ist und was nicht. Ich denke, das ist doch mal eine gute Nachricht!
Und noch eine zweite schöne Entwicklung vorab, weil es hier gerade so gut in unsere Diskussion passt: Wir werden eine neue Lesepatin bekommen ab Juli, die letzte ist wegen privater Verpflichtungen wieder abgesprungen, aber dass das den Füchsen Freude bereitet hat, ist auch den Erzieherinnen nicht entgangen.
Liebe Grüße und einen sonnigen Tag wünscht
Bianca

Von: Christine
Betreff: Re: Alles neu macht der Mai
Datum: 20. Mai 2014 16:45:09
An: Bianca
Kopie: alle

Liebe Bianca,

das ist doch klasse!! Hannah und Benni sind schon ganz aufgeregt :-)) Wegen der anderen Sache habe ich mal einen kleinen Aushang vorbereitet, ich hoffe, Bianca, Ihr verzeiht mir diese Eigenmächtigkeit, dass wir in der Kita direkt mal eintragen, welches Elternteil welche Aktivität anbieten oder begleiten würde, und dann gehen wir das mit den Erzieherinnen am Ende mal durch. Das wird schon werden!
Christine

Von: Bianca
Betreff: Re: Re: Alles neu macht der Mai
Datum: 20. Mai 2014 17:38:00
An: Christine
Kopie: alle

Liebe Eltern,
ich hatte übrigens auch den Eindruck, dass die Gruppe insgesamt zu wenig an der frischen Luft ist, was ich bei der Elternvertreterversammlung auch formuliert habe, und unser Eindruck deckt sich durchaus mit dem aus den anderen Gruppen. Nun sollte das nicht als grundsätzliche Kritik aufgefasst werden, und keine Angst: Die Kita ist nicht gegen Aufenthalt an der Luft, nicht dass Ihr das nun alle falsch versteht und auf die Barrikaden geht! Es war nur so, dass in den vergangenen Wochen ein hoher Krankenstand war und zum

Teil Kinder die Gruppen wechseln mussten, da sie in den Randzeiten sonst alleine gewesen wären – und da war es den Erzieherinnen wohler, die Kleinen drin zu behalten wegen der Übersichtlichkeit. Das wird sich nun nach allgemeiner Genesung hoffentlich wieder geben. Wir bleiben aber dran.
Bianca

Von: Tobias
Betreff: Re: Re: Re: Alles neu macht der Mai
Datum: 20. Mai 2014 17:41:08
An: Bianca
Kopie: alle

Hi, kurze Verständnisfrage: Die bleiben drin, weil es zu wenig Personal gibt???????
Als berufstätige Eltern können wir übrigens nicht anbieten, permanent an Ausflügen oder dergleichen teilzunehmen, und ich würde auch raten, erst mal abzuwarten, ob diese Form der elterlichen Einmischung und Bereitschaft überhaupt erwünscht ist. Ich denke, dass sich auch mit dem vorhandenen Personal, so es denn gesund ist, genügend Aktivitäten umsetzen lassen, dass wir nicht eine zweite Mannschaft aus Mamas und Papas brauchen.
Tobias grüßt und wundert sich

Liebe Eltern,
ich habe das Protokoll so gut wie fertig, aber noch eine Sache
vorab: Für das neue Gartengerät braucht es einen stabilen
Untergrund, für den noch jede Menge Kies gesucht wird.
Kennt einer von Euch eine günstige Quelle für Kies und oder
Sand?
Bianca

7.

LÄUSE, LÄUSE, LÄUSE ÜBERALL
Kita Märchenwald, bei Aachen

Von: Miriam Peissig
Datum: 12. Juli 2013 07:33:05
Betreff: Achtung: Läuse!
An: alle

Liebe Eltern,
sie gehen wieder um: Läuse. Und das ganz massiv! Schon
zwei Gruppen sind betroffen. Und, ja, es stimmt: Auch Er-
wachsene können sich anstecken, ich weiß, wovon ich
spreche.
Deshalb: In Eurem eigenen Interesse: Schaut nach und war-
tet mit der Behandlung nicht wieder zu lange – nur dann können wir den Angriff rechtzeitig stoppen. Jede tote Laus zählt.
Bitte gebt dies auch an andere Personen in Eurem Umfeld
weiter: Babysitter, Freunde etc.
Viele Grüße
Miriam

Von: Sabine Schülke
Datum: 12. Juli 2013 12:21:54
Betreff: Re: Achtung: Läuse!
An: Miriam Peissig
Kopie: alle

Hallo zusammen,
ich muss mich dem leider anschließen, und ich bin inzwischen wirklich wütend: Amelie hat nun schon zum 3. Mal in
diesem Jahr Kopfläuse mit nach Hause gebracht, die sie sich
eindeutig in der Gruppe zugezogen hat.
Und wieder musste ich die ganze Familie in Sippenhaft nehmen: mit Nyda behandeln, den kleinen Bruder gleich mit
und meinen Mann und mich zur Sicherheit auch.

Ich bin wirklich sauer, denn diese Läuse kommen eindeutig nicht von uns. Ich muss also eindringlich bitten, dass Ihr Eure Kinder regelmäßig untersucht und die Sache ernst nehmt. Dass mein Kind Eure Läuse bekommt, ist nicht hinnehmbar. Ich wünsche trotz allem ein schönes Wochenende.
Viele Grüße,
Sabine

Von: Miriam Peissig
Datum: 8. August 2013 17:23:14
Betreff: Läuse, Läuse, Läuse überall
An: alle

Ich hoffe, Ihr hattet alle einen schönen Urlaub und habt die Ferientage genossen.

Wer gehofft hat, ich würde endlich den Sieg verkünden und melden: Die Läuse sind vernichtet, die Lösung zur Beseitigung ist endlich gefunden, den muss ich leider enttäuschen. Die Nachricht lautet: Ja, sie sind noch da.

Adela ist jetzt nur wenige Tage in der Gruppe gewesen – und hat sich sofort mit Läusen angesteckt.

Donnerstagfrüh haben wir es gesehen und natürlich gleich zugeschlagen und uns alle behandelt (ja, die ganze Familie, wirklich). Mit Nyda, das ist Euch ja bekannt. Ich muss diese Mail einfach schreiben, weil ich nicht sicher bin, dass die Informationspolitik richtig funktioniert und man bei diesem Thema auch rechtzeitig alle unterrichtet.

Eigentlich ist es ja ganz einfach: Das Beste ist, wenn Ihr, bevor Ihr Eure Kinder in die Kita schickt, gründlich nachseht, ob da was ist – auch wenn es nicht juckt.

Und bei Befund sofort etwas tun. (Wirklich sofort, bevor alle anderen sich anstecken.) Das Thema nervt, weiß ich, immer und immer wieder Läuse. Ich frage mich nur, wie es sein kann, dass man das nicht in den Griff bekommt und dass euch das Thema Vorsorge offenbar vollkommen gleichgültig ist, auch wenn viele meinen, sich schon die nötige Mühe zu geben.

Und hier noch ein paar Worte zu meiner Strategie, für den Fall, dass mal kein Nyda im Haus ist. Ihr könnt den Schlachtplan gerne übernehmen, dafür schreibe ich Euch ja: Als Erstes die Haare trocken untersuchen. Nur ein paar Nissen gefunden, auch bei gründlichem Gucken? Kann ja was nicht stimmen. Dann macht man aber Shampoo ins Haar, wohl gemerkt ins trockene. Schäumt ordentlich beim Kämmen, aber: Beim Durchkämmen finden sich plötzlich Läuse. Erspart einem nicht die weitere Behandlung mit Nyda, aber es ist ein Anfang.

Und, ja, bald ist auch wieder Elternabend. Ich wünsche mir, dass wir das Thema Läuse endlich ganz oben auf die Tagesordnung setzen und eine gemeinsame Vereinbarung treffen, wie bei Alarm vorzugehen ist und damit endlich alle begreifen, was zu tun ist, und wir dem Ziel, die Viecher in den Griff zu bekommen, endlich mal einen Schritt näher kommen.

Bis dahin,
Miriam

8.

HILFE, DIE KITA MACHT URLAUB
Kita Lustige Weltentdecker, Hamburg

Von: Anja
Betreff: Geschlossen
Datum: 23. Oktober 2013 16:05:22
An: alle

Liebe Eltern,
anbei schicke ich Euch die neue Übersicht über Urlaube und
Schließzeiten für die nächsten sechs Monate. Mit den besten
Grüßen von Frau Hansen, die jetzt langsam wieder ohne
Krücken zurechtkommt und sich freut, dass sie ab Montag
wieder voll einsteigen kann.
Herzlich,
Anja

Von: Tanja und Martin
Betreff: Re: Geschlossen
Datum: 23. Oktober 2013 17:22:42
An: Anja
Kopie: alle

Hallo Anja,
bist Du sicher, dass das die Termine sind? Wir sind uns
ziemlich sicher, dass das mal anders veranschlagt wurde –
bei so vielen Tagen kann etwas nicht stimmen. Wenn das so
bleiben sollte, fragt man sich wirklich, ob die denken, dass
wir alle Hausfrauen und -männer sind und nur darauf warten, dass wir die Kinder zu Hause lassen können …
Sei doch so lieb und check das noch mal.
Liebe Grüße,
Tanja/Martin (Tomke)

Von: Daniela
Betreff: Re: Geschlossen
Datum: 23. Oktober 2013 22:37:42
An: Anja
Kopie: alle

Hallo,
das ist ja schön, dass es Frau Hansen besser geht, prima!
Aber wieso ist denn nach Ostern jetzt nicht frei? Dafür diese
langen Herbstferien? Das gab es doch im vergangenen Jahr
so nicht, und, ehrlich gesagt, bringt das bei uns einiges
durcheinander, was die Planung angeht, es wäre nett, wenn
Du das noch einmal überprüfen könntest oder zumindest
Frau Hansen bittest, das zu tun. Ich denke ja nicht, dass alle
soo begeistert sind, wenn wir plötzlich alle weniger Oster-
ferien haben als gedacht ...
Good night,
Daniela (Paul)

Von: Rob
Betreff: Re: Geschlossen
Datum: 24. Oktober 2013 12:36:42
An: Anja
Kopie: alle

Dear Anja, thanks for your little list – aber mal ernsthaft, haben die ladies auch noch mal vor zu arbeiten? Mal ein bisschen böse gefragt: War das nicht eine Kita? Und kein Ur-
laubsmodell für Erzieherinnen? Ich kann Frau Hansen
gerne auch mal ansprechen, aber es wäre mir ganz lieb,
wenn Ihr das noch mal prüfen könntet, ist echt bisschen viel.
Cheers, Rob

Von: Anja
Betreff: Re: Re: Geschlossen
Datum: 29. Oktober 2013 12:57:00
An: Rob
Kopie: alle

Lieber Rob, liebe alle,
da ich auch in der Kita nun öfter drauf angesprochen wurde,
kann ich nur sagen: Ich bin nur der Bote. Ja, das sind die Tage, so ist der Schließzeitenplan, den ja nicht ich mir ausge-
dacht habe. Mit mehreren Monaten Vorlauf, so die Hoffnung,
sollte das Eure Urlaubsplanung nicht ernsthaft über den
Haufen werden. Wenn dem doch so ist, tut es mir sehr leid,
aber gerade die Fortbildungen können nicht verschoben werden, da extern organisiert.
Herzlich, Anja

Von: Tanja und Martin
Betreff: Re: Re: Re: Geschlossen
Datum: 29. Oktober 2013 15:15:00
An: alle
Kopie: Anja

Hallo in die Runde,
wir sind wirklich nicht begeistert, ehrlich gesagt sind wir sogar ziemlich sauer, weil uns vor allem diese Oster-Lösung
überhaupt nicht in den Kram passt. Ich darf mal daran erinnern, dass wir beide arbeiten und nicht dauernd spontan und
nach Maßgabe der Kita unsere Abwesenheit herumschieben
können. Die ganzen freien Tage sind wirklich ärgerlich –
müssen sie wirklich alle zusammen frei haben? Warum
nicht versetzt, wenn mal eine fehlt oder auch zwei, das kann

man ja machen. Aber wie sollen wir immer mittendrin eine Betreuung organisieren? Martins Mama kann leider nicht mehr reisen, und meine Eltern wohnen am Bodensee, denen kann ich auch nicht sagen, he, kommt mal für zwei Tage nach Hamburg, die Kita hat mal wieder zu.
Tanja/Martin

Von: Irmi
Betreff: 29. Oktober 2013 18:24:00
Datum: Re: Re: Re: Re: Geschlossen
An: Tanja/Martin
Kopie: alle

Hi Tanja, hallo Martin,
ich finde es, ehrlich gesagt, ein bisschen übertrieben, wie Ihr die Sache darstellt – immerhin gibt es genügend Kitas, die ihre Schließzeiten nicht so lange im Voraus bekannt geben und noch viel problematischere Urlaubsregelungen oder Zeiten haben. Rein rechtlich gesehen könnte die Kita sogar noch öfter schließen. Ich kenne Kindergärten in Düsseldorf, da haben sie viel mehr Tage im Jahr geschlossen und keine Betreuung bis spätnachmittags.
Irmi

Von: Anja
Betreff: Schließzeitenplan
Datum: 29. Oktober 2013 22:29:10
An: alle

Hallo zusammen,
kleiner Nachtrag noch von mir: Ich gebe zu bedenken, dass es

ja immer noch die Notbetreuung im Kiga Rosenhöhe gibt, die
nehmen unsere Kleinen bei allen Schließtagen, so möglich.
Herzlich,
Anja

Von: Asta
Betreff: Re: Schließzeitenplan
Datum: 30. Oktober 2013 08:35:10
An: Anja
Kopie: alle

liebe eltern,
ich denke, wir sollten möglichst zeitnah mit frau hansen das
gespräch suchen. diese ganzen termine sind nie so bekannt
gegeben worden, und die paar monate »vorlauf« sind ein
witz, wir haben z. b. ostern schon vor sehr viel längerem ge-
bucht und können jetzt nicht einfach auf herbst umswitchen.
aber schlimmer sind natürlich die tage zwischendrin – ich
arbeite erst seit einem halben jahr wieder, mein mann ist viel
unterwegs, und auch bei uns sitzen die großeltern nicht pa-
rat. und ganz ehrlich: wie junior abgeht, wenn ich ihn zur rosenhöhe bringe, das durfte ich einmal mitmachen, besten
dank, damit tue ich keinem einen gefallen, dem kind am al-
lerwenigsten. anja, ich finde, das ist jetzt ziemlich wichtig,
dass du mit frau hansen einen termin machst.
gruß,
asta

Von: Peter
Betreff: Idee
Datum: 30. Oktober 2013 09:55:10
An: alle

Hallo zusammen,
mal einen Vorschlag zur Güte: Wir sollten versuchen, uns gegenseitig zu helfen, ich setze mal voraus, dass Frau Hansen und die Kitaleitung gut überlegt haben, was sie da tun. Wenn wir also eine gemeinsame Betreuung hinbekämen, wäre doch den meisten von uns geholfen, ich könnte zum Beispiel den März-Mittwoch übernehmen, da ich da ohnehin frei habe. Bis zu 6 Kids kann ich morgens handeln, und nachmittags kommt meine Frau früh heim, das wäre also mal ein Angebot an Euch.
Peter

Von: Charlotte
Betreff: Re: Idee
Datum: 30. Oktober 2013 11:24:33
An: Peter
Kopie: alle

Lieber Peter,
danke für Deinen äußerst konstruktiven Vorschlag, den ich auch gleich gerne annehme. Ich würde dafür einen Februar-Tag übernehmen, ist doch schön, wenn wir uns so gegenseitig unterstützen.
Charlotte (Mia)

Von: Tanja und Martin
Betreff: Re: Idee
Datum: 30. Oktober 2013 14:11:04
An: Peter
Kopie: alle

Sorry, Peter, das ist ein nettes Angebot, aber es ist nicht ak-
zeptabel, dass wir auf diesem Wege lösen, was uns die Kita
durch Fehlplanung und Missmanagement eingebrockt hat.
Ich bin doch nicht dazu da, aufzufangen, was an anderer
Stelle schiefläuft, und außerdem kann ich mich leider nicht
in diese Runde einbringen. Ganz ehrlich: Es nervt! Wenn
das nicht anders passiert, werde ich Frau Hansen selber um
ein Gespräch bitten, aber vielleicht haben unsere Elternvertreter ja ein Einsehen und tun uns den Gefallen, Rückspra-
che zu halten.
Grüße,
Tanja und Martin

Von: Anja
Betreff: Re: Re: Idee
Datum: 30. Oktober 2013 19:37:34
An: Tanja/Martin
Kopie: alle

Liebe Tanja,
ich muss gestehen, dass mich Deine Mail doch ziemlich verwundert hat. »Haben unsere Elternvertreter ja ein Einsehen«
– das klingt ein bisschen, als würde ich mich davor drücken,
die Kita auf Eure Stimmung hinzuweisen. Also, noch mal:
Ich werde Frau Hansen selbstverständlich in Kenntnis setzen, dass es Probleme gibt. Ich fand es aber auch angebracht,

erst mal abzuwarten, ob sich nicht doch noch eine einvernehmliche Lösung finden lässt, was allemal einfacher wäre für alle, als den Aufstand zu proben. Peter hat eine gute Idee aufgezeigt, wenn sich diese als nicht praktikabel erweist, dann ist der nächste Schritt das Gespräch mit der Kita, so einfach und so bewährt. Allerdings kann ich es mir nicht verkneifen, ich finde schon, dass wir insgesamt mal die Kirche im Dorf lassen sollten, es geht um wenige Tage, die niemand böswillig so gesetzt hat, mit ein bisschen gutem Willen sollte sich das auch ohne Eklat organisieren lassen.
Meint Anja

Von: Tanja und Martin
Betreff: Re: Re: Re: Idee
Datum: 31. Oktober 2013 10:11:24
An: Anja
Kopie: alle

Eklat? Aufstand? So weit sind wir schon, dass man hier gebrandmarkt wird, nur weil man vielleicht weniger freie Zeit und weniger Flexibilität hat, haben muss – das sucht sich ja keiner aus – als andere? Schön für Euch, wenn Eure Kinder gerne in die Notbetreuung gehen oder Ihr immer alle Dutzende fremde Kinder zu Hause hüten könnt, herzlichen Glückwunsch zu einem entspannten Leben. Ich klinke mich jetzt hier mal aus.

9.

HAUSAUFGABEN SIND DOCH ÄTZEND
Grundschule, Frankfurt

Von: Bernd Albrecht
Betreff: Hausaufgaben/Gespräch
Datum: 15. August 2012 19:25:11
An: alle

Hallo zusammen,
ich möchte an dieser Stelle gerne mit Euch ein Thema klären, das uns vermutlich allen seit dem letzten Elternabend unter den Nägeln brennt: die Hausaufgaben. Dazu soll es bald einen eigenen Termin mit Frau Kraft geben, den ich als Elternvertreter natürlich wahrnehmen und wo ich in Euer Namen sprechen werde. Es gibt den Wunsch seitens der Schule, das hatte Frau Kraft ja gesagt, dass in den drei ersten Klassen Hausaufgaben eingeführt werden, wie es ja auch an anderen Grundschulen durchaus üblich ist. Dieses Ansinnen ist erst einmal also durchaus legitim. Allerdings sehe ich die Sache als Vater dann doch etwas anders: Meiner Meinung nach sind die Kinder, zumal die, die bis nach 16 Uhr im Hort bleiben, mehr als ausgelastet. Ich denke nicht, dass man nach so einem langen Tag noch Kraft hat für Hausaufgaben. Ich freue mich auf Eure Einschätzung.
Viele Grüße, Bernd Albrecht

Von: Sascha
Betreff: Re: Hausaufgaben/Gespräch
Datum: 15. August 2012 20:13:11
An: Bernd Albrecht
Kopie: alle

Lieber Bernd, liebe Eltern,
ich bin da ganz bei den Lehrern, an sich ist gegen Hausaufgaben nichts zu sagen. Es gibt halt einfach Tage, an denen

Jannis total müde ist und nicht noch Aufgaben machen möchte. Die meiste Zeit tut er das allerdings, völlig freiwillig. Insgesamt bin ich aber ganz froh, dass der Druck noch nicht ganz so hoch ist, das kommt noch früh genug.
Es grüßt Sascha

Von: Steffi
Betreff: Re: Re: Hausaufgaben/Gespräch
Datum: 15. August 2012 21:25:11
An: Sascha
Kopie: alle

Liebe Eltern,
ich habe hierzu ein paar Anmerkungen:
Was ist gegen Hausaufgaben zu sagen, wenn sie direkt vor Ort gemacht werden? Zum Beispiel im Hort? Da ist Zeit, und dann muss zu Hause auch nichts mehr getan werden. Und: Wir dürfen das hier nicht mit den Hausaufgaben verwechseln, die noch kommen werden – es geht um ein, zwei kleinere Übungen pro Woche.
Erlebt Ihr nicht auch die großartige Energie der Kinder, ihren übergroßen Wissensdurst? Alles wollen sie wissen, lernen, wollen endlich ein großes Schulkind sein. Warum nutzt man nicht diesen Aufwind und fördert ihn mit ein, zwei Hausaufgaben in der Woche?
Nur weil wir selber Hausaufgaben ätzend und lästig finden, Erinnerungen an die eigene Schulzeit vermutlich, aber sicher nicht an die Grundschulzeit, sollten wir den Kindern nicht jetzt schon eintrichtern, dass es sich dabei um die langweiligste Tätigkeit überhaupt handelt, das ist doch kontraproduktiv.
Liebe Grüße in die Runde,
Steffi

Von: Bernd Albrecht
Betreff: Re: Re: Re: Hausaufgaben/Gespräch
Datum: 16. August 2012 09:56:45
An: Steffi
Kopie: alle

Hallo Steffi,
ich würde mir für dieses Forum deutlich mehr Sachlichkeit
wünschen. Ich habe nie gesagt, dass ich Hausaufgaben »ätzend« oder »langweilig« finde.
Danke.
Bernd Albrecht

Von: Janina
Betreff: Re: Re: Re: Re: Hausaufgaben/Gespräch
Datum: 16. August 2012 10:23:41
An: Bernd Albrecht
Kopie: alle

Liebe Eltern,
also, ich muss sagen, dass ich total! froh bin, dass die Kinder
noch keine Hausaufgaben haben. Die Schulstunden sind
doch schon anstrengend genug, da lernen sie doch schon unter Druck, und da sind doch freie Nachmittage, in denen die
Kleinen Zeit haben fürs Spielen, für Freunde oder für ein
Instrument oder den Sportverein, soo wichtig!
Das sind sooo lange Tage, erst Schule, dann Hort – und dann
noch Aufgaben lösen? Es ist erwiesen, dass man sich nicht
10 Stunden am Stück konzentrieren kann – ich würde ihnen
die Freiheit der Nachmittage wirklich gerne erhalten.
Wie wir unsere Kinder fördern, das sollte individuell entschieden werden, jeder kann ja zu Hause mit den Kindern

üben oder Aufgaben machen, ein schönes Bild malen, Buchstaben üben, Bücher lesen, die Wissbegierde nutzen, aber eben freiwillig. Ich will nicht, dass Luis schon jetzt montags daran denken muss, dass er bis dann und dann unbedingt etwas fertig machen muss.

Ich schließe mich Sascha an: Der Stress kommt schon noch, früh genug!

Liebe Grüße

Janina (Mutter von Luis)

Von: Nina und Kristoff
Betreff: Re: Re: Re: Re: Hausaufgaben/Gespräch
Datum: 16. August 2012 14:22:34
An: Bernd Albrecht
Kopie: alle

Hallo zusammen, liebe Miteltern,

wir sind strikt gegen Hausaufgaben. Unsere Große hat in den ersten zwei Jahren nie Hausaufgaben machen müssen, das war kein Problem. Jetzt ist sie in der 8. Klasse und kommt gut klar. Ja, natürlich üben wir ab und an mit Nicolas, was er gelernt hat, aber meist zeigt er uns das sowieso von ganz alleine.

Schöne Grüße,

Nina und Kristoff

Von: Angela
Betreff: Re: Re: Re: Re: Hausaufgaben/Gespräch
Datum: 16. August 2012 14:27:30
An: Bernd Albrecht
Kopie: alle

Hallo Bernd,
kurze Nachfrage: Welcher Termin? Wer geht da hin? Nur
Du? Wann soll das sein? Ich fände es einigermaßen unpassend, uns hier nur drei oder vier Tage zu geben, um so etwas
zu besprechen, ehrlich gesagt.
Gruß, Angela (Ella)

Von: Bernd Albrecht
Betreff: Re: Re: Re: Re: Re: Hausaufgaben/Gespräch
Datum: 16. August 2012 16:27:22
An: Angela
Kopie: alle

Liebe Angela,
ich werde den Termin in meiner Funktion als Elternvertreter
wahrnehmen, erst mal sind keine weiteren Teilnehmer geplant. Ich werde selbstverständlich sofort berichten. Das
Treffen ist nächsten Mittwoch. Bis dahin sammele ich gerne
alle Eure Einschätzungen zum Thema und trage sie Frau
Kraft vor.
Grüße,
Bernd Albrecht

Von: Inga
Betreff: Re: Re: Re: Re: Re: Hausaufgaben/Gespräch
Datum: 17. August 2012 08:11:47
An: Angela
Kopie: alle

hallo alle, ich finde es irgendwie nicht o. k., dass hier frau krafts
kompetenz angezweifelt wird, denn darum geht es meiner
meinung nach. Wir müssen schon damit klarkommen, dass
es nun andere menschen gibt, die auch wissen, was richtig
ist. frau kraft ist eine überaus engagierte lehrerin. und wenn
ich das nicht ganz falsch sehe, gibt es doch schon hausaufgaben, zumindest bei denen, die etwas mehr unterstützung be-
nötigen, den kindern hat das bisher nichts ausgemacht, jan
war auch ein paarmal betroffen. ich sag mal keep cool, so viel
vertrauen sollten wir haben.
es grüßt inga

Von: Svenja
Betreff: Re: Re: Re: Re: Re: Re: Hausaufgaben/Gespräch
Datum: 17. August 2012 11:34:12
An: Inga
Kopie: alle

Hallo zusammen,
ich muss an dieser Stelle einmal an das erinnern, was wir in
der allerersten Kennenlernrunde mit Frau Kraft und allen Eltern besprochen hatten: Dass es nämlich keine Hausaufgaben geben wird. Warum das jetzt nicht mehr so sein soll, das
müsst Ihr mir bitte erklären. Ich habe Frau Kraft heute auch
darauf angesprochen, aber sie hat nur gesagt, dass das aus
ihrer Sicht besser sei, weil die anderen Klassen das ja auch so

machten etc. Ganz ehrlich: Wir Eltern haben doch schon genug Hausaufgaben, wir lernen und lesen mit den Kindern doch auch so schon jeden Tag, ich denke mal, dass ich damit nicht alleine bin, ich weiß nicht, was das bringen soll, wenn jetzt auf alle der Druck erhöht wird.

Herzlich,

Svenja (Max)

Von: Bernd Albrecht
Betreff: Re: Re: Re: Re: Re: Re: Re: Hausaufgaben/Gespräch
Datum: 18. August 2012 19:05:34
An: Svenja
Kopie: alle

Hallo liebe Svenja,

ich fände es ganz gut, wenn nun nicht so viele von uns auf Frau Kraft einströmen und sie von allen Seiten bedrängen – es wird ja, wie gesagt, in wenigen Tagen das Gespräch geben, ich freue mich, dass Larissa als zweite Elternvertretung auch dabei sein wird, und dann werden wir Euch berichten.

Danke für euer Verständnis!

Bernd Albrecht

Von: Svenja
Betreff: Re: Re: Re: Re: Re: Re: Re: Re: Hausaufgaben/Gespräch
Datum: 20. August 2012 20:05:34
An: Bernd Albrecht
Kopie: alle

He Bernd, danke, dass Du hier unsere Stimmen sammelst, aber nein, ich bedränge Frau Kraft nicht, ganz sicher nicht,

und ich habe sicher das Recht, mit der Lehrerin meines Sohnes zu sprechen, wenn ich das für richtig halte.
Herzlich, Svenja

Von: Janina
Betreff: Re: Re: Re: Re: Re: Re: Re: Re: Re: Hausaufgaben/Gespräch
Datum: 22. August 2012 10:26:11
An: Svenja
Kopie: alle

Liebe Svenja,
ich denke, Bernd hat das nicht so streng gemeint, aber ich habe Frau Kraft auch die Tage gesprochen, in einer ganz anderen Sache, und sie fing von selber mit den Hausaufgaben an. Ich habe ihr auch gesagt, dass ich nichts davon halte, den Kindern den Nachmittag noch voller zu packen, auch im Hort sind sie ja mit all den AGs und Extras gut beschäftigt, aber ich denke auch, dass unsere beiden Vertreter das Donnerstag gut mit ihr hinbekommen werden. Zumal ich gehört habe, dass auch die Elternvertreter der 1b kommen werden, die macht ja Hausaufgaben, die c nicht – das wird sicher interessant.
Liebe Grüße, Janina

Von: Larissa und Bernd
Betreff: Termin mit Frau Kraft
Datum: 27. August 2012 18:26:11
An: alle

Liebe Eltern,
frisch von der Besprechung in der Schule zurück, möchten

wir Euch sogleich berichten, was das Ergebnis des Abends war: Auch unsere Klasse wird, genau wie bereits in der 1b, in Zukunft eine kleine Hausaufgabe pro Woche einführen. Dabei wird das Ganze so gestaltet sein, dass die Kinder montags oder mittwochs eine Aufgabe bekommen, die sie dann bis Freitag erledigen müssen – sie können sich aber aussuchen, an welchem Tag sie die Aufgabe wollen. Wer möchte, kann auch montags und mittwochs eine Aufgabe bekommen und dann beide bis Freitag erledigen, das scheint in der b auch gut zu klappen, dass interessierte Kinder einfach mehr machen. In die Beurteilung fließt aber je nur eine Aufgabe pro Woche ein. Die Aufgabe wird äußerst bescheiden gehalten und soll die Kinder maximal 15 Minuten beschäftigen, was aus Sicht der Lehrer durchaus vertretbar ist, und auch die anwesenden Elternvertreter waren (einschließlich uns) letztlich davon überzeugt.

Frau Krafts Engagement für unsere Kinder ist unbestritten, wir sind sicher, dass diese Aufgabe niemanden vor unlösbare Probleme stellen wird.

Viele Grüße von zwei müden Elternvertretern,
Larissa und Bernd

Von: Nina und Kristoff
Betreff: Re: Termin mit Frau Kraft
Datum: 27. August 2012 19:39:17
An: Larissa und Bernd
Kopie: alle

Hallo Larissa, hallo Bernd,
ich bin ehrlich gesagt sehr verwundert über dieses Ergebnis – steht es doch in absolutem Widerspruch zu dem, was wir hier tagelang diskutiert haben. Wozu machen wir uns die

Mühe, hier unsere berechtigten Einwände vorzubringen, wenn dann letztlich vier oder sechs Leute etwas ganz anderes beschließen – noch dazu Eltern anderer Klassen, die können ja für sich gerne entscheiden, wie sie mögen.
Reichlich verwundert:
Nina und Kristoff

Von: Sascha
Betreff: Re: Termin mit Frau Kraft
Datum: 27. August 2012 21:14:49
An: Larissa und Bernd
Kopie: alle

Hallo zusammen,
auch wenn ich wahrlich kein Freund von »friss oder stirb« bin (irgendwie war das hier alles sinnlos, auch die Rolle von Elternvertretung bekommt hier eine ganz neue Dimension, ha ha), lassen wir der Klasse vielleicht einen kleinen Moment des ungestörten Arbeitens, die berühmten 100 Tage haben andere ja auch ...
Sascha

Von: Svenja
Betreff: Re: Re: Termin mit Frau Kraft
Datum: 28. August 2012 12:13:40
An: Sascha
Kopie: alle

Hallo in die Runde,
keine Frage, 100 Tage oder von mir aus auch das Doppelte, das sollen sie haben, ich finde auch, dass wir nicht so miss-

trauisch sein sollten, aber der Prozess hier hat mich schon einigermaßen enttäuscht. Erst haben wir nur wenige Tage, uns eine Meinung zu bilden, und dann haben wir sie (so dachte ich), und dann kommt am Ende etwas ganz anderes dabei heraus als hier besprochen. Man muss ja nur mal die Beiträge zählen, die Mehrheit war gegen Hausaufgaben. Ich würde mir einfach wünschen, dass wir für solche Entscheidungen in Zukunft mehr Zeit haben, um ein differenziertes Meinungsbild zu bekommen und in Ruhe über die Dinge zu sprechen. Vielleicht wäre in diesem Fall ja auch ein Elternabend besser gewesen.

Auch die Sache mit der freiwilligen Aufgabe will sich mir nicht erschließen, ist das nicht ein bisschen zu kompliziert, und wie soll am Ende eine gerechte Bewertung dabei herauskommen? Der Druck wird ja dann noch größer, dass alle die zwei Aufgaben machen müssen.

Nun ja, ich würde mich freuen, wenn wir hier weiter offen unsere Meinung sagen könnten, und wäre noch froher, wenn sie denn auch dorthin weitergetragen würde, wohin sie soll, nämlich an die Lehrer.

Herzlich, Svenja

Von: Larissa und Bernd
Betreff: Vertretung
Datum: 28. August 2012 15:28:40
An: alle

Liebe Eltern,
dass wir uns nach bestem Wissen und Gewissen bemühen, Euch bei der Schule bestmöglich zu repräsentieren, möchten wir Euch an dieser Stelle noch einmal versichern. Aber noch einmal plädieren wir für etwas mehr Gelassenheit und Ru-

he, die uns und den Kindern in dieser ersten Zeit in einer ganz neuen Welt sicher nicht schaden wird.

Freuen sich auf weitere fruchtbare Diskussionen:
Larissa und Bernd

Von: Nina
Betreff: Fwd: Vertretung
Datum: 28. August 2012 17:12:19
An: Svenja

Sorry, aber haben die den Schuss nicht gehört? Ich rufe Dich nachher mal an, ich finde das Vorgehen der beiden mindestens unpassend. Fruchtbare Diskussionen? Sie spielen doch am Ende Napoleon.
Nina

10.

DIE TURNBEUTELVERGESSER
Grundschule, Berlin

Hallo, liebe Eltern,
ich kann es nicht länger auf mir sitzen lassen, was momentan mit unserer Tochter Leyla passiert. Und ich bitte Euch um Unterstützung und Rat.
Folgendes: In der letzten Sportstunde hatte sie ihren Turnbeutel vergessen. O.k., das kann ja mal passieren, wir sind keine Maschinen, es ist menschlich, mal was zu vergessen, und sie selber hat keinen Piep gesagt, dass Sport war. Und was war dann in der Schule? Statt dass sie mal ausnahmsweise in der Strumpfhose turnen darf, es wird doch gerade eh nur der Sommertanz geübt für den Theaterabend, da wird man ja wohl mal in Strumpfhose durch die Turnhalle laufen dürfen, aber nein, sie durfte nicht mitmachen, und auch als ihre beste Freundin ihr ein paar Ballerinas leihen wollte, durfte sie die nicht anziehen, weil man ein Kind ja unbedingt eine ganze Stunde lang dafür bestrafen muss, wenn es mal was vergessen hat. Inzwischen guckt sie jeden Morgen völlig panisch auf den Stundenplan und bittet einen von uns, unbedingt zu checken, ob sie nichts vergessen hat. Ich meine, das ist doch nicht o.k., einem Kind so was zuzumuten. Wenn sie JEDE Woche ohne Turnzeug käme, o.k., aber das ist in den letzten Monaten vielleicht zweimal passiert. Man hätte ja auch sagen können, o.k., Du hast es vergessen, nicht gut, leih Dir was von den anderen oder frag Deine große Schwester (die hatte nämlich an dem Tag auch Sport und hätte die Turnhose sicher mal für 'ne Stunde verliehen), aber nein, stramm am Rand sitzen und den anderen zugucken. Ganz große pädagogische Leistung! Ich bin stinksauer, und nun würde mich

brennend interessieren, ob Ihr auch solche Erfahrungen gemacht habt.
Cahit

Von: Lara
Betreff: Re: Problem!!
Datum: 13. November 2013 20:56:17
An: Cahit
Kopie: alle

Lieber Cahit,
danke noch mal für das Polizeiauto, Oscar ist damit gleich am ersten Abend in die Badewanne gestiegen, und es war sehr schwer, es ihm wieder abzunehmen ...
Und nun zu der anderen Sache: Nein, Gott sei Dank wurde Oscar noch nicht bestraft für vergessene Kleidung, aber ich finde es auch nicht o. k., dass ein Kind, nur weil es mal das Pech hatte, dass eben nicht auf den Stundenplan geschaut wurde, so abgestraft wird, dass es am Rand sitzen muss. Ich würde Dir empfehlen, dass Du mal mit Herrn Lenz sprichst, was er sich dabei gedacht hat. Ich finde ja ohnehin, dass er manchmal den Bogen etwas überspannt, Oscar ist immer noch ganz geschockt von der Boxübung neulich, das macht er hoffentlich nicht wieder, dass er die Kinder zur Prügel animiert!
Viel Glück,
Lara

Von: Philipp
Betreff: Re: Re: Problem!!
Datum: 13. November 2013 21:14:22
An: alle

Liebe Eltern,
wenn ich das lese, packt mich die kalte Wut: Ich finde, es ist
an der Zeit, dass wir gegen diesen sogenannten Sport»pädagogen« etwas tun – ich will nicht länger jede Woche diesen
Kampf führen, wenn Sport auf dem Plan steht und Mia (komisch, komisch) ausgerechnet an diesen Tagen immer ent-
weder »so Bauchaua« hat oder »so Kopfaua« oder steif und
fest behauptet, dass sie Fieber hat. Seit sie weiß, wie man das
messen kann, ist sie mit dieser These vorsichtiger :-), aber im
Prinzip ist es doch klar: Dieser Lehrer verängstigt unsere
Kinder!
Was tun wir?
Philipp

Von: Martin Schwarz
Betreff: Re: Re: Re: Problem!!
Datum: 13. November 2013 16:12:29
An: Philipp
Kopie: alle

Lieber Philipp, lieber Cahit, liebe Eltern,
Ihr trefft genau ins Schwarze mit Euren Berichten – ich bin
ja schon im letzten Jahr mit Herrn Lenz aneinandergeraten,
nachdem sich Melina den Knöchel verstaucht hatte (zumindest hatte sie beim Auftreten starke Schmerzen) und er sie
trotzdem gezwungen hat, mit den anderen die Bälle und die
Matten wegzuräumen. Sie war ganz durch den Wind, weil sie

das nicht kennt, dass keine Rücksicht genommen wird, wenn jemand krank ist oder sich wehgetan hat – was sie erwartet hat, war ein liebes Wort oder Trost oder wenigstens die Erlaubnis, sich zu setzen. Aber dann wurde sie mit irgendeinem Indianer-kennt-keinen-Schmerz-Zeugs abgespeist, und zu Hause hat sie sich den halben Nachmittag weinend bei meiner Frau und mir ins Bett gelegt, was sie eigentlich nicht mehr so macht, seit sie 4 ist.

Ich finde, es ist höchste Zeit, das Ganze mal auszusprechen, und ich wünsche mir von den Elternsprechern, dass sie das hier ernst nehmen!

Grüße aus Boston von

Martin Schwarz

Von: Markus
Betreff: Re: Re: Re: Re: Problem!!
Datum: 14. November 2013 09:24:27
An: Martin
Kopie: alle

Lieber Martin, liebe Eltern,

selbstverständlich nehmen wir diese Sache sehr ernst, vielen Dank, dass Ihr hier so offen gesprochen habt. Aus eigener Erfahrung weiß ich, dass Herr Lenz zwar nicht gerade ein Softie ist, aber auch kein herzloser Rüpel. Unsere Große hatte auch drei Jahre lang bei ihm Turnen und ist eigentlich gut mit ihm klargekommen. Aber ich verstehe, dass er gerade auf die kleinen Mädchen, die vielleicht noch etwas Startschwierigkeiten haben beim Sport mit Jungen, sehr einschüchternd wirkt. Dass die Kleinen es manchmal ganz schön hart finden, mit den Jungen zu bolzen, das kann er sich, glaube ich, nicht so ganz vorstellen. Die Sache mit dem Sportzeug ist natürlich etwas anderes. Ich habe ihn allerdings selber nie als bewusst ungerecht erlebt oder absichtlich gemein. Ich denke, er hat einen Weg gesucht, eine klare Linie zu ziehen: Keine Ausnahmen bei vergessenen Sachen. Sonst rennen bald alle nur noch in Jeans und Straßenschuhen durch die Turnhalle oder lassen den Fahrradhelm auf, jetzt mal ein bisschen übertrieben gesagt. Ich würde empfehlen, das nicht überzubewerten, sondern ihn direkt mit der Sache zu konfrontieren – vielleicht lässt sich das im Gespräch ja ganz unproblematisch klären.

Herzliche Grüße von

Markus

Von: Marischka
Betreff: Re: Re: Re: Re: Re: Problem!!
Datum: 14. November 2013 11:34:27
An: alle

Ein Softie? Nein, das ist er ganz sicher nicht, aber ich fände es jetzt auch übertrieben, ihn als Sklaventreiber abzustempeln. Was mich eher stört, ist, dass die Schule diese Bedenken gegen gemischten Sportunterricht seit Jahren kennt (wir hatten zeitweise drei Kinder auf dieser Schule) und nie ernsthaft Anstalten gemacht hat, die Sache anders anzugehen. Ich bin der Meinung, dass die Mädchen gerade in den ersten Jahren etwas mehr Rücksicht brauchen als die Jungen (unsere Großen sind beides Jungen), die gerne mal toben und raufen und sich ihre Wunden zeigen. Die können auch mit blutigem Knie noch Matten räumen, wenn es nur einen gibt, der ihnen sagt, was für starke Kerle sie sind :)) Jule ist dank der großen Brüder kein schüchternes Kind und hat auch keine Angst, sich durchzusetzen, aber das Boxtraining hat ihr auch keine Freude gemacht, weil sie von einem Mitschüler direkt den Handschuh in die Rippen bekommen hat. Ich denke, das ist was für unser nächstes Lehrer-Eltern-Gespräch.

Herzlichst,

Marischka

Von: Natascha
Betreff: Cahits Mail
Datum: 14. November 2013 17:57:45
An: alle

Leute, das geht jetzt aber etwas durcheinander: Dass die Lehrer ihre Wege suchen müssen, Klamottenvergesser irgendwie anzumahnen, finde ich schon o. k., auch wenn ich es auch so sehe wie Cahit, wenn das Kind schon selber eine Lösung präsentiert (große Schwester, Schuhe der Freundin), dann gibt es eigentlich keinen Grund, darauf nicht einzugehen, aber das würde ich mal als Überforderung abtun oder was auch immer. Daraus darauf zu schließen, dass Mädchen und Jungen getrennt turnen sollen, finde ich total übertrieben. Ich bin ganz froh, dass die Zeiten getrennter Klassen vorbei sind, auch wenn es tatsächlich immer wieder Eltern gibt, die ihre Prinzessinnen auf Mädchen-Schulen schicken. Ich finde, zu einem ganzheitlichen Aufwachsen gehört die Auseinandersetzung mit dem anderen Geschlecht elementar dazu. Außerdem bin ich sicher, dass Lenz keinen Unterschied macht zwischen Jungen, die keine Turnschuhe haben, und Mädchen. Dass er manchmal etwas ruppig daherkommt, liegt sicher auch daran, dass es nicht so leicht ist, eine Herde von 19 herumschwirrenden Flöhen in Schach zu halten, die alle kreischen und am liebsten gar keine Matte irgendwohin zurückräumen würden, egal ob mit wehem Fuß oder nicht.

Ich denke, dass betroffene Eltern oder die, die ein ganz konkretes Problem haben, das direkt mit ihm klären sollten.
Es grüßt in die Runde: Natascha

Von: Cahit
Betreff: Sport
Datum: 16. November 2013 11:44:25
An: alle

Hallo zusammen,
danke für Eure Beiträge – auch wenn ich sagen muss, dass ich nicht ganz froh bin mit dem, was ich gelesen habe. Dass uns nun auch die Vertreter empfehlen, mit unseren Problemen lieber alleine zum Lehrer zu gehen, finde ich nicht o. k., dafür seid Ihr ja unsere Fürsprecher. Ich will auch nicht den Sportunterricht nach Jungen und Mädchen trennen (wie kommt Ihr drauf?), ich bin nur mit dem Erziehungsansatz dieses Mannes nicht einverstanden, der offenbar durch Strafe Disziplin einfordert und kleine Kinder dastehen lässt wie Schwerverbrecher. Die Sache mit dem Fuß erinnere ich auch noch, Leyla hatte das damals auch nicht verstehen können, warum ein anderes Kind mit Schmerzen noch was machen muss. Aber gut, ich werde mich an diesen Wunderpädagogen wenden und danke allen, die hier mitdiskutiert haben!
Cahit

Von: Daniela
Betreff: FW: Sport
Datum: 16. November 2013 21:01:25
An: Natascha

Weißte, wo wirklich das Problem ist? Leyla vergisst alle 14 Tage ihre Sachen, sagt zumindest Leonie, die fahren ja im selben Bus, und diese Melina ist wohl so »sensibel« wie ihre Mutter, aber SAG denen das mal :-) Seufz!
Daniela

11.

UNSERE LEHRERIN IST DIE BESTE
Grundschule, Brandenburg

Von: Marina
Betreff: Lehrerpreis
Datum: 4. September 2013 21:03:12
An: alle

Liebe Miteltern,
da der nächste Elternabend noch ein bisschen hin ist, möchte ich Euch gerne auf diesem Wege einen Vorschlag machen: Wie ich gelesen habe, kann man noch Lehrer für den Brandenburgischen Lehrerinnen- und Lehrerpreis vorschlagen, der besonders engagierte Pädagogen auszeichnet. Ich könnte mir gut vorstellen, dass Frau Lehmann da eine Chance hat.
Was denkt Ihr?
Liebe Grüße,
Marina

Von: Janina
Betreff: Re: Lehrerpreis
Datum: 6. September 2013 13:22:45
An: Marina
Kopie: alle

Liebe Marina,
ja, gute Idee, unsere Zwergimker sind schon was Besonderes! Aber wie funktioniert das jetzt?
J

Von: Marina
Betreff: Re: Re: Lehrerpreis
Datum: 9. September 2013 11:14:10
An: Janina
Kopie: alle

Hallo,
wenn außer Dir und mir noch ein paar mehr interessiert
sind, dann kann ich mich gerne um die Vorbereitung küm-
mern, vielleicht auch mal mit Herrn Dabenhof sprechen, ob
er das unterstützt. Ich hatte in der Zeitung davon gelesen,
wenn ich das richtig sehe, muss die Schulkonferenz das einbringen. Was meint ihr?
Herzlich,
Marina

Von: Patrick
Betreff: Re: Lehrerpreis
Datum: 9. September 2013 17:36:19
An: Marina
Kopie: alle

hi, finde ich 'ne nette idee, aber ich würde die lehmann mal
als erstes fragen, nicht dass sie 'n schock kriegt :-))
p

Von: Marina
Betreff: Re: Re: Lehrerpreis
Datum: 9. September 2013 21:00:14
An: Patrick
Kopie: alle

Lieber Patrick,
ich denke nicht, dass sie einen »Schock« bekommt, aber ich
bin auch nicht dafür, sie zu früh zu fragen – wir kennen
doch unsere Frau Lehmann, zu viel Aufmerksamkeit wird
ihr nicht recht sein, sie würde sicher aus lauter Bescheiden-
heit auf eine Bewerbung verzichten wollen, und das fände
ich sehr schade. Ich werde also die Tage versuchen, Herrn
Dabenhof ans Telefon zu bekommen, und mal mit ihm über
die Sache sprechen. Wenn es da ein Ergebnis gibt, dann sage
ich Euch sofort Bescheid.
Herzlich,
Marina

Von: Nadine
Betreff: Re: Re: Re: Lehrerpreis
Datum: 10. September 2013 16:14:00
An: Marina
Kopie: alle

Hallo zusammen, meint Ihr wirklich, dass die Bienen da so
gut ankommen? Ich bin skeptisch, selbst in Berlin (Schule
von Konrads bestem Freund ist Berliner Land) haben sie auf-
wendigere Projekte, die haben zum Beispiel einen ganzen
Pflegezoo im Hof, wenn wir dann noch dazuschreiben, dass
letztes Jahr die Viecher halb ausgestorben sind wegen der Sache mit dieser Milbe, dann lachen die uns doch aus.

Von: Marina
Betreff: Re: Re: Re: Re: Lehrerpreis
Datum: 10. September 2013 17:23:04
An: Nadine
Kopie: alle

Liebe Nadine,

ich glaube nicht, dass jemand lachen wird. Unser Bienenprojekt ist schon außergewöhnlich, wenn man bedenkt, dass wirklich die ganze Klasse so motiviert dabei ist und zu Hause (zumindest bei uns) immer viel davon gesprochen wird. Mal abgesehen davon, dass Emma nur noch Honig von Brandenburger Bienen essen möchte, was ja auch zeigt, dass selbst die Kleinen die Bedeutung des Projektes begreifen. Die Varroa-Milbe ist leider eine Bedrohung, der sich alle Imker bewusst sind, dass sie das alte Volk ausgerottet hat und ein Neuanfang nötig war, das war für unsere Kinder traumatisch genug. Wer auch nur ein bisschen was von Bienen versteht, weiß, dass uns da keine Schuld trifft. Frau Lehmann ist wirklich eine leidenschaftlich engagierte Lehrerin, die sehr viel freie Zeit in das Projekt steckt, ich finde, dass wir das einmal würdigen sollten. Für mich ist die Bewerbung um den Lehrerpreis ein Zeichen, dass wir ihre Arbeit wertschätzen und uns bei ihr bedanken möchten. Was meint Ihr?
Herzlich,
Marina

Von: Kristin
Betreff: Re: Re: Re: Re: Re: Lehrerpreis
Datum: 10. September 2013 18:00:03
An: Marina
Kopie: alle

Hallöchen,
Eileen isst den Honig, den wir auf den Tisch stellen ... Aber
danke für den Unterricht, ha ha ... Lass es uns versuchen mit
dem Preis, bin dafür.
Kristin

Von: Jenny und Steve
Betreff: Sum Sum
Datum: 13. September 2013 15:38:19
An: alle

Guten Tag allerseits,
wir sind sehr dafür, die wundervolle Frau Lehmann für den
Preis vorzuschlagen, liebe Marina, nett von Dir, dass Du den
Vorschlag gemacht hast und das auch übernehmen kannst.
Ein schönes Wochenende wünschen Jenny und Steve

Von: Marina
Betreff: Re: Re: Re: Re: Re: Re: Lehrerpreis
Datum: 13. September 2013 16:18:59
An: Kristin
Kopie: alle

Liebe Kristin,
ich wollte Euch keinesfalls Unterricht erteilen, bitte entschuldige, wenn das so rübergekommen sein sollte, ich bin nur immer wieder so froh über dieses Engagement und die vielen wichtigen Dinge, die unsere Kleinen über das Bienenprojekt lernen, über Vielfalt und Verantwortung und den Wert ökologisch-nachhaltiger Lebensweise, auch wenn es natürlich jedem selber überlassen bleibt, welchen Honig er letztlich wählt. Dass Emmie da mitbestimmen will, ist für mich nur ein weiterer Beweis, dass Schule auch bedeuten kann, wirklich etwas fürs Leben zu lernen!
Herzlich,
Marina

12.

WER HAT ZUERST GEHAUEN?
Kita Lalilu, Berlin

Von: Christin
Betreff: Vorfall Donnerstagnachmittag
Datum: 15. März 2014 16:24:19
An: alle

Hallo in die Runde,
wie Ihr es vielleicht von Euren Kindern oder anderen Eltern
schon gehört habt, hat sich am Donnerstag der vergangenen
Woche in der Mäusegruppe ein Vorfall ereignet, den ich als
äußerst schwerwiegend einstufe und den ich hier gerne einmal mit Euch besprechen möchte. Unser Sohn Joshua wurde
Donnerstag von mehreren älteren Kindern der Gruppe, ich
werde die betreffenden Eltern gesondert ansprechen, regelrecht attackiert und geschlagen. Wie Ihr vielleicht wisst, ist
er Brillenträger, es bestand also die Gefahr, durch brechen-
des Glas ernsthafte Augenverletzungen zu erleiden. Gott sei
Dank ist es dazu nicht gekommen, aber dennoch hatte er
mehrere blutige Striemen auf Gesicht und Armen, und sein
Pullover war oberhalb des linken Armes zerrissen. Als ich
die Erzieherinnen, die es übrigens nicht für nötig befunden
haben, uns direkt nach dem Vorfall zu benachrichtigen, sondern ihn weiter in der Gruppe gelassen haben, beim Abholen
zur Rede stellte, war von ihnen wenig mehr zu hören, als
dass unser Sohn ja schon öfter durch sein »rabaukenhaftes«
Verhalten negativ aufgefallen sei und dass er wiederholt ge-
zielt bei den Älteren Ärger gemacht habe, wenn diese zum
Beispiel die Räder haben oder klettern. Sie konnten oder
wollten mir auch nur sehr vage mitteilen, wer meinen Sohn
so attackiert hatte, und meinten, dass sie selber die Betroffenen schon entsprechend zur Rede gestellt und darauf hingewiesen haben, dass dies kein tolerierbares Verhalten sei. Bei
alledem schwang aber immer noch der Unterton mit, dass im
Grunde ja Joshua selber schuld war an dem, was passiert ist.

Und nun zum eigentlichen Anliegen dieser Mail, ich entschuldige mich, dass sie etwas länger wird und Eure kostbare Zeit in Anspruch nimmt. Ich bitte Euch eindringlich, nach diesem Vorfall mit Euren Kindern zu sprechen. Es wird an niemandem spurlos vorübergehen, wenn man ein solches Verhalten sieht und so wenig Reaktionen seitens der Erzieherinnen. Wir alle möchten doch, dass unsere Kinder in einem Klima der Wertschätzung und Toleranz friedlich und ohne Gewalt aufwachsen. Es ist nicht hinnehmbar, dass Konflikte so gelöst werden und man als Elternteil dann zu hören bekommt, das Maß sei einfach voll und eine solche Reaktion sei mehr oder weniger normal. Das zeigt nicht nur einen eklatanten Mangel an pädagogischen Fähigkeiten, sondern lässt auch darauf schließen, dass auch Eure Kinder jederzeit Opfer von Gewaltausbrüchen in der Gruppe werden können, ohne dass es Konsequenzen hat. Was auch immer Joshua gemacht haben soll, ihn dafür zu verprügeln, scheint mir das am wenigsten geeignete Mittel. Der Arzt, zu dem ich ihn sofort gebracht habe, weil ich wegen der Augen ganz sicher sein wollte, hat mir sogar empfohlen, die Kita wegen Verletzung der Aufsichtspflicht zu belangen, denn eine solche Prügelei mit Verletzungen hätte unbedingt vermieden werden müssen. Aber unabhängig, was mein Mann und ich in Richtung Einrichtung unternehmen, ich appelliere an Euch als Eltern: Sprecht mit den Kindern, macht ihnen klar, dass so etwas schrecklich ist und kein Kind das erleben solle. Dass Josh momentan wenig Neigung hat, die Kita wieder zu betreten, muss ich Euch wohl kaum dazusagen, ich bringe ihn jetzt erst mal eine Woche zu den Großeltern, dass er auf andere Gedanken kommt.
Viele Grüße,
Christin

Von: Holger und Ruth
Betreff: Re: Vorfall Donnerstagnachmittag
Datum: 17. März 2014 09:22:33
An: Christin
Kopie: alle

Liebe Christin,
wir sind ehrlich geschockt wegen dem, was Du da erzählst.
Finya hat sich auf Nachfrage nur sehr ungenau zu der Sache
geäußert, ich glaube, sie hat das nicht so richtig mitbekommen, außerdem gehört sie auch noch zu den Kleinen. Mir
tut es als Mutter weh, so was zu hören, und ich kann mir
auch kaum vorstellen, dass weder Frau Lindemann noch Ma-
nuela oder Herr Bremer etwas getan haben, um die Kloppe-
rei zu beenden. Gute Besserung an Josh und alles Gute für
Euch, wenn wir helfen können, sagt Bescheid!
Liebe Grüße, Holger und Ruth

Von: Dirk
Betreff: Re: Vorfall Donnerstagnachmittag
Datum: 17. März 2014 14:11:27
An: Christin
Kopie: alle

Liebe Christin, liebe alle,
in der Tat eine hässliche Sache, wenn ein Kind verletzt wird
und sich mehrere gegen einen zusammentun. Es tut mir
sehr leid, dass Joshua nun Angst hat, in die Kita zu kommen,
ich hoffe, dass ihm die kleine Auszeit bei Oma und Opa gut-
tut. Aber, und da möchte ich eine ganz wichtige Sache ansprechen, ich denke, dass von uns keiner zu denen gehört,
die Gewalt verherrlichen und die Kinder animieren, sich mit

Fäusten ihr Recht zu erkämpfen. Ich kann Dich also beruhigen, Christin, dass wir Anton nicht erst aus diesem Anlass beibringen, was Konfliktlösung bedeutet. Aber wenn ich das richtig sehe, war er in die Sache ja auch nicht weiter involviert. Hast Du denn mit allen drei Betreuern schon sprechen können? Dass keiner von den dreien sich eingemischt und die Sache beendet hat, ist kaum vorstellbar und in der Tat etwas, das Du verfolgen solltest. Insgesamt möchte ich bei allem Verständnis für Deinen Schmerz und Deinen Ärger dafür plädieren, rechtliche Schritte gut zu überlegen, ich hoffe sehr, dass sich das Nichteinmischen der Erzieher als Missverständnis herausstellt.

Grüße von Dirk

Von: Britta
Betreff: Re: Vorfall Donnerstagnachmittag
Datum: 17. März 2014 15:33:21
An: Christin
Kopie: alle

Hi Christin, miese Sache, hat Alina gleich nachmittags erzählt, dass die Großen Joshua in die Mangel genommen haben. Würde Dir empfehlen, mal dem Träger 'ne Meldung zu machen, dass es einen Vorfall gab von unterlassener Hilfe seitens der Erzieher, das dürfen wir nicht so hinnehmen, ich will nicht eines Tages meine Tochter mit Blut im Gesicht abholen müssen. Tut mir echt schrecklich leid, die Nummer!

Britta

Von: Gregor
Betreff: Re: Re: Vorfall Donnerstagnachmittag
Datum: 17. März 2014 19:32:44
An: Britta
Kopie: alle

Hi Britta,
unterlassene Hilfe? Seid Ihr da ganz sicher? Ich kann mir
das nicht vorstellen, dass die danebenstehen, wenn es eine
Prügelei gibt, und nichts machen, ganz ehrlich. Liebe Christin, sei nicht böse, so schlimm das mit Joshua auch ist, aber
meinst Du nicht, dass es sich dabei um eine eher normale
Rangelei gehandelt hat, die die Erzieher vielleicht auch gar
nicht so einschätzen konnten? Und dann ist halt doch was
schiefgegangen, aber keiner wollte das so, und keiner will ge-
nerell Gewalt tolerieren? Das ist doch wirklich nicht Grund-
haltung dieser Kita, keiner Kita, will ich mal hoffen. Wir wissen doch alle von unseren Kids, dass Joshua und zwei, drei
andere Zwerge nicht gerade schüchtern sind, auch den Großen sagen, wo's langgeht, oder? Dass gerade Jungen dann
mal körperlich aktiv werden, um das mal so zu nennen, ist ja
nicht ganz neu. Würde mal versuchen, das alles etwas weniger hoch aufzuhängen, und ganz ehrlich, wirklich, das meine ich nicht gegen Dich, Christin, das musst Du keinem sagen, dass es nichts Schlimmeres gibt als ein verletztes Kind,
das wissen wir doch.
Herzliche Grüße und einen schönen Abend,
Gregor (Papa von Clara und Jasmin)

Von: Julia
Betreff: Re: Re: Re: Vorfall Donnerstagnachmittag
Datum: 18. März 2014 11:22:34
An: Gregor
Kopie: alle

Hallo zusammen,
jetzt werde ich mich sicher bei einigen ziemlich unbeliebt machen, aber das ist mir jetzt mal egal. Wir können das gerne auch mal unter uns besprechen, Christin, aber wenn ich zählen sollte, wie oft Lennart zu Hause erzählt, dass er von Joshua angegriffen wurde oder er ihm zum hundertsten Mal das Auto unterm Po weggezogen hat oder dergleichen, ich käme mit zwei Händen nicht hin. Du hast einen ziemlich wilden Sohn, das ist hier, glaube ich, kein Geheimnis, und ehrlich gesagt, haben mein Mann und ich mehr als einmal überlegt, ob diese Kita überhaupt in der Lage ist, ein so schwieriges Kind angemessen zu betreuen. Ich will damit nichts entschuldigen, aber der Grad Deiner Verwunderung erstaunt dann doch, weil Du sicher auch weißt, dass Josh kein Unschuldsengel ist ... Zum Thema Gewaltvermeidung können wir also alle zu Hause noch was unternehmen.
Julia

Von: Gregor
Betreff: Joshua
Datum: 18. März 2014 23:09:23
An: Julia

Danke, das hast Du schön gesagt, ich meine, sie weiß doch, was jeden verdammten Tag seit Monaten passiert, dass dieses Kind eine lose Kanone ist und einfach auf alles draufgeht, was sich ihm in den Weg stellt. Ich habe Clara mehr als einmal gesagt, dass sie sich ruhig mal wehren darf, wenn dieser Fiesling wieder an den Haaren zieht oder rempelt. Jetzt alles auf die Erzieher zu schieben ist sicher die einfachste Lösung, aber völlig neben der Spur. Good night, Gregor

Von: Silvia und Robert
Betreff: Re: Re: Re: Re: Vorfall Donnerstagnachmittag
Datum: 19. März 2014 11:02:24
An: Christin
Kopie: alle

Liebe Christin,
ohne es gleich so drastisch zu formulieren wie andere hier, aber ja, Joshua ist wirklich schon oft angeeckt in der Kita, und wenn Marlen zu Hause von Rangeleien erzählt oder sie wieder übermäßig viel Sand in den Haaren hat, dann ist Joshua immer ein Name, der fällt. Wir denken insgesamt auch, dass Ihr das Thema jetzt vielleicht aus diesem Anlass mal in Ruhe angehen solltet, oder?
Herzlich, Silvia und Robert

Von: Christin
Betreff: Re: Re: Re: Re: Re: Vorfall Donnerstagnachmittag
Datum: 19. März 2014 15:27:57
An: Silvia und Robert
Kopie: alle

Hallo in die Runde, ich kann nicht glauben, was ich hier lesen muss. Nicht genug, dass die Erzieherinnen den Vorfall abtun und die alleinige Schuld Joshua in die Schuhe schieben, jetzt

muss ich hier auch noch lesen, dass unser Sohn ständig »aneckt« – was soll das denn heißen? Jeder weiß doch, dass auch die Kleinen sehr temperamentvoll sein können, das macht ihn doch nicht gleich zu einem Problem für die Kita!! Dass so wenig Verständnis von Euch kommt, finde ich echt erschütternd. Ich rede hier ja auch nicht von alltäglichem Rangeln oder mal Haareziehen, machen wir uns doch nichts vor, das gehört dazu, und irgendwie regeln die Mäuse so was unter sich, das ist ja auch Teil des Großwerdens. Aber dies hier war eine gezielte Aktion gegen ein Kind, das verletzt wurde und einen zerrissenen Pullover nach Hause gebracht hat – und das durch die Hand der Älteren. Er wurde nicht einfach gehauen, sondern regelrecht verdroschen von drei 5- und 6-Jährigen. Das kann man doch nicht abtun als »gerechte« Strafe für ein wildes Kind. Außerdem, was ist das bitte für eine Denke??? Und uns auch noch als Problemeltern zu denunzieren, wo geraten wir denn hin, meint Ihr das ernst? Joshua ist kein Kind mit zu geringer Frustrationstoleranz aus einer Problemfamilie, die Konflikte ausschließlich mit Fäusten regelt, und ich wünsche allen Mamis mit Puppen-Töchtern mal für eine Woche einen vitalen, fitten, quirligen und kräftigen Jungen, der seine Kraft auch ausprobieren will.
Christin

Von: Holger
Betreff: Training
Datum: 19. März 2014 22:00:02
An: Christin
Kopie: alle

Liebe Christin, liebe Eltern,
ich habe mich mal ein bisschen schlau gemacht: Was haltet

Ihr davon, wenn wir einen Mediator oder eine Mediatorin zu uns einladen, mit dem/der wir das Problem ansprechen – also zwischen Kita, betroffenen Eltern und gerne auch den nicht betroffenen Eltern. Sich mit dem Thema Konfliktmanagement auseinanderzusetzen, das schadet ja nicht, vielleicht können auch die Erzieherinnen in Bezug auf wilde Jungs noch was mitnehmen.

Es grüßt Holger

Von: Julia
Betreff: Re: Training
Datum: 19. März 2014 22:30:23
An: Holger
Kopie: alle

Lieber Holger, warum sollte ICH denn an einer Mediation teilnehmen, die ich am Ende noch zahlen muss, wenn es zwischen manchen Eltern und den Erziehern ein Problem gibt?? Wie man mit schwierigen Kindern umgeht, das wissen Frau Lindemann und Herr Bremer hoffentlich auch so, das sehe ich erst mal nicht als MEIN Problem – eher muss die Kita einen Weg benennen, wie man mit schwer kontrollierbaren Kids umgeht, ggf. einen Wechsel empfehlen oder Therapie oder so.

Julia

Von: Beatrix Lindemann, Marcus Bremer, Kita Kleine Strolche
Betreff: Einladung Elternversammlung
Datum: 24. März 2014 15:00:23
An: alle

Liebe Eltern der Mäusegruppe,
wir laden Sie herzlich ein, am 3. April zu einem außerordent-
lichen Elternabend zu den Kleinen Strolchen zu kommen.
Thema des Abends soll der Umgang mit schwierigen Situati-
onen sein, mit Konflikten und Stresssituationen der Kinder.
Wir freuen uns, wenn Sie ab 18.30 Uhr da sein könnten, Ge-
tränke stellt die Kita.
Herzliche Grüße,
Beatrix Lindemann, Marcus Bremer,
Kita »Lalilu«, Mäusegruppe

Von: Julia
Betreff: Joshua
Datum: 15. Mai 2014 16:55:22
An: Gregor

Lieber Gregor, dass Joshua die Strolche verlässt, habt Ihr sicher schon gehört, ich finde das nur folgerichtig von Christin
und Jochen, auch wenn die beiden eher Essig trinken würden, als mit mir darüber zu sprechen, na ja.
Bis ganz bald,
Julia und Anhang

13.

ENGEL GEFUNDEN
Grundschule, Hanau

Von: Dana Groß
Betreff: Lumpenengel
Datum: 18. Dezember 2013 10:25:29
An: alle

Hallo liebe Eltern,
bei wem werden folgende Dinge vermisst: vier Lumpenengel, grün-rot-gelb, übrig geblieben vom Adventsbasar vergangene Woche? Ich werde sie im Lehrerzimmer verwahren, sie können nach den Ferien abgeholt werden.
Liebe Grüße und eine besinnliche Zeit wünscht Ihre
Dana Groß

Von: Nadja Bertram
Betreff: Re: Lumpenengel
Datum: 18. Dezember 2013 10:44:37
An: Dana Groß
Kopie: alle

Liebe Frau Groß,
nein, die Engel gehören uns nicht, aber haben Sie vielleicht den Teller mit dem Goldpapier gefunden, auf dem die Zimtsterne waren? Unter dem Goldpapier ist er eher unscheinbar, weiß, würde mich freuen, wenn Sophie den bei Gelegenheit wieder mit nach Hause bringen könnte.
Gute Erholung und schöne Ferien wünscht
Nadja Bertram

Von: Tobias
Betreff: Re: Lumpenengel
Datum: 18. Dezember 2013 13:11:17
An: Dana Groß
Kopie: alle

Tachchen,
das sind unsere, schade, hatte gehofft, dass die so mal spurlos verschwinden ... Braucht Ihr sie in der Schule nicht? Zum
Heizen oder so? Im Kunstunterricht?
Nur mal so nachgefragt von Tobias

Von: Sabrina Löss
Betreff: Re: Re: Lumpenengel
Datum: 18. Dezember 2013 17:18:44
An: alle
Kopie: Tobias

Liebe Frau Groß, liebe alle,
sorry für diese Mail, die Lumpenengel sind von meiner
Großmutter, und ich hänge sehr an ihnen, mein Tobi nicht,
wie man sieht. Ich werde sie Montag nach den Ferien gleich
abholen.
Schöne Tage wünscht
Sabrina Löss

14.

DER AUSFLUG DES SCHRECKENS
Kita Lummerland, Berlin

Von: Katharina
Betreff: Badeausflug
Datum: 31. Mai 2014 14:27:13
An: alle

Liebe Eltern,
wollte mal fragen, was Ihr von dem Aushang »Sommer, Sonne etc.« haltet? Bin mir nicht ganz sicher, wie ich das finden soll, will aber auch nicht allzu bedenkenträgerisch sein.
Freue mich auf Austausch!
Kathi (Mama von Ella)

Von: Christian
Betreff: Re: Badeausflug
Datum: 31. Mai 2014 17:23:12
An: Katharina
Kopie: alle

Hallo Kathi,
haben eigentlich keine Bedenken, wir sind mit Leo auch schon am See gewesen, seine größte Angst war bisher, dabei nass zu werden :-) Finde die Betreuung auch völlig o. k., 4:17, das sollte wohl ohne Probleme über die Bühne gehen.
Herzlich,
Christian

Von: Laureen
Betreff: Re: Re: Badeausflug
Datum: 31. Mai 2014 20:14:03
An: Christian, Katharina
Kopie: alle

Hallöchen,

danke Dir, Katharina, dass Du das ansprichst. Ich war, ehrlich gesagt, nicht sooo begeistert, als ich den Zettel gesehen habe. Mirja ist eine richtige Wasserratte, hat aber kein allzu großes Faible für ihre Badeschuhe – wenn ich da lese, dass man unbedingt welche mitgeben muss, na ja, sie wird sie eh nicht anziehen. Bin irgendwie unentschlossen, weil ich einerseits nicht den Ausflug kaputt machen möchte, andererseits weiß ich auch, wie viel Action das ist, mit einer kleinen Maus an den Strand zu gehen – und dann 17? Habe die EV* in jedem Fall noch nicht unterschrieben, mal sehen, wie sich das entwickelt.

Grüße, Laureen

* EV: Einverständniserklärung der Eltern

Von: Eva und Michael
Betreff: Re: Badeausflug
Datum: 1. Juni 2014 10:11:18
An: Katharina
Kopie: alle

Liebe Katharina, liebe Eltern,
da es nun schon in dieser Runde angesprochen wird: Mein
Mann und ich haben bereits mit Frau Nowak gesprochen,
und Luisa wird nicht mitfahren. Aus unserer Sicht hätte es
dazu ruhig einen EA geben können, so wie für viele, weniger
wichtige Dinge ja auch. Luisa kann nicht schwimmen und
hat bisher auch keine allzu große Wasserliebe gezeigt, und
ich will vermeiden, dass sie durch Druck der Gruppe etwas
tut, das sie eigentlich nicht mag. Dann werden die Tränen
wieder kullern! Aus unserer Sicht sind die Kinder zu jung,
im nächsten Jahr kann man drüber reden. Da sind wir ziemlich straight. Hoffen aber natürlich, dass die Bademutigen
ihre Mehrheit finden.
Liebe Grüße,
Eva und Michael

Von: Brit und Jonas
Betreff: Re: Re: Badeausflug
Datum: 1. Juni 2014 12:53:35
An: Eva und Michael
Kopie: alle

Hallo zusammen,
kein Problem für uns, solange ein paar Regeln klar feststehen,
die Frau Nowak und die anderen mit den Kids vorab durchge-
hen müssen (Schwimmflügel auch am Rand, Badeschuhe, nie

alleine etc.). Werden dazu mit ihr telefonieren die Tage. Wissen aber, dass sich Ben immer tierisch auf Ausflüge freut!
Lgr, Brit & Jonas

Von: Katharina
Betreff: Re: Re: Re: Badeausflug
Datum: 1. Juni 2014 13:24:32
An: Brit und Jonas
Kopie: alle

Hi Brit,
ja, Ihr habt recht, Regeln müssen vorher besprochen werden, gut, dass Ihr mit ihr sprechen werdet, Ihr könnt ja darauf hinweisen, dass sich hier bereits ein kleiner Austausch ergeben hat. Fragst Du sie bitte auch, ob sie etwas gegen Wespen und Mücken und ganz wichtig: ZECKEN! mitnehmen? Ich weiß zwar nicht genau, ob es Zecken in Wassernähe gibt, aber sicher werden die Krümelchen auch mal zum Picknick in der Wiese sitzen, da wäre mir das schon sehr wichtig.
Es grüßt, Kathi

Von: Oliver
Betreff: Re: Re: Re: Badeausflug
Datum: 1. Juni 2014 14:44:57
An: Brit und Jonas
Kopie: alle

Liebe alle,
Zecken scheinen mir das geringste Problem, aber wer sich mal die Mühe macht und sich ein wenig mit der Wasserqualität unserer Seen befasst, wird auch leicht lesen können,

dass gerade dieser See immer wieder massive Probleme mit Blaualgen hat. Wir sind deswegen den ganzen letzten Sommer immer nur im Freibad gewesen bzw. gleich im Planschbecken zu Hause geblieben. Blaualgen können Hautreizungen auslösen, Bindehautentzündung, Fieber, Leberschäden usw. usw. Wirklich keine allzu angenehmen Aussichten für einen Ausflug und dumm und dämlich, ausgerechnet ein Ziel zu wählen, das so in die Schlagzeilen geraten ist. Kein Badeausflug mit Jan, Punkt. Und ich rate Euch ganz dringend, mal selber ein paar Minuten das Internet zu bemühen, da werden Euch Augen und Ohren übergehen.

Grüße, Olli (Jan)

Von: Christian
Betreff: Re: Re: Re: Re: Badeausflug
Datum: 1. Juni 2014 17:23:00
An: Oliver
Kopie: alle

Hi Olli,
nichts für ungut, finde aber Panikmache nicht angebracht – der See hat sich gut regeneriert (auch ich habe mal im Netz geschaut ...), also keine Gefahr für unsere Kleinen. Ist, glaube ich, keine Alternative, wenn wir alle zu Euch auf die Terrasse kommen, ha ha.

Grüßle, Christian

Von: Sandra
Betreff: Re: Re: Re: Re: Badeausflug
Datum: 2. Juni 2014 22:15:00
An: Oliver
Kopie: alle

Ihr Lieben,
zu später Stunde noch eine Mail von mir. Ich bin froh, dass
ich's mal in die Kita geschafft habe und den Aushang selbst
gesehen habe, sonst würde ich gar nicht glauben, dass die auf
so eine beknackte Idee kommen. Ich finde, die Kinder sind
viiiiel zu jung! Was alles auftreten kann, mit dem sie nicht
umgehen können! Und was ist mit Wespen? Frederik kriegt
schon 'nen Anfall, wenn er nur 'ne Mücke sieht, vor Wespen
hat er die absolute Panik. Blaualgen habe ich auch schon mal
von gehört, ne, im Ernst, das ist mir echt alles zu heikel, ich
hab auch keine Lust, dass Frederik in Entenkot latscht oder
so was. Lieber mal wieder Zoo oder gemeinsames Eis.
Gute Nacht sagt Sandra

Von: Ralph
Betreff: Re: Re: Re: Re: Re: Badeausflug
Datum: 3. Juni 2014 08:10:30
An: Sandra
Kopie: alle

Moinsen zusammen,
bisschen irritierend, findet Ihr nicht? Mücken und Zecken
und Blaualgen und Wespen ... Und WASSER! Am See gibt es
WASSER! Ihr Lieben, gegen Angstattacken gibt es famose
Pillen!
Ralph

Von: Laura
Betreff: Re: Re: Re: Re: Re: Re: Badeausflug
Datum: 3. Juni 2014 10:22:05
An: Ralph

Geil!

Von: Ralph
Betreff: Seltsam
Datum: 3. Juni 2014 10:27:00
An: Laura

Mal ernsthaft, was geht da ab?

Von: Sandra
Betreff: Re: Re: Re: Re: Re: Re: Re: Badeausflug
Datum: 3. Juni 2014 17:00:09
An: Ralph
Kopie: alle

Hallo Ralph,
findest Du das witzig? Ist ja schön, wenn Du Dir nicht so viele Gedanken machst, beneidenswert! Ich finde es eher bedenklich, wenn wir uns gegenseitig lächerlich machen, es muss erlaubt sein, seine Sorgen kundzutun.
Alles andere finde ich irritierend.
Sandra

Von: Ralph
Betreff: Rätsel
Datum: 3. Juni 2014 20:09:01
An: Laura

Ich geb ihr gleich die Adresse von unserem Pfarrer, dann kann sie da mal kundtun.

Von: Laura
Betreff: Re: Rätsel
Datum: 3. Juni 2014 22:17:22
An: Ralph

Würde gar nicht mehr auf sie eingehen, das ist albern, bei der weiß man manchmal einfach nicht mehr, was man sagen soll. Ollis Leberschaden finde ich aber auch gut. Zwischen Leber und Milz ...
Gute Nacht & liebe Grüße an Nadia

Von: Constantin
Betreff: Badeausflug
Datum: 4. Juni 2014 11:12:08
An: Katharina
Kopie: alle

Hallo zusammen,
wir sind der Meinung, dass das sicher ein netter Ausflug wird, Anton kann außerdem schon schwimmen, ich dachte, dass das inzwischen bei fast allen der Fall sein müsste? Wenn nicht, wird's aber höchste Zeit, meine Lieben!
LG, C

Von: Ralph
Betreff: Re: Badeausflug
Datum: 4. Juni 2014 18:37:11
An: Constantin
Kopie: alle

Hi Constantin,
Noah studiert dafür schon Physik im 5. Semester, er wird direkt promovieren.
Weiß gar nicht, wie wir mit so viel Fame umgehen sollen!
Wenn erst die Presse kommt!
Hoch die Tassen!

Von: Katharina
Betreff: Sorry
Datum: 5. Juni 2014 09:59:27
An: alle

Ihr Lieben,
ich entschuldige mich, dass meine Frage so viel Unmut ausgelöst hat, lasst uns vielleicht kurz telefonieren, wer mag, ruft mich einfach kurz an.
Herzlich,
Kathi

15.

DER KAMPF UM DIE CHORLEITUNG
Grundschule, Leipzig

Von: Jana
Betreff: Wahl
Datum: 7. Oktober 2013 08:27:03
An: alle

Hallo,
ich habe gehört, dass Ihr eine neue Leitung der Chor-AG gewählt habt und dass ich abgewählt wurde. Ich kann das nicht
glauben und bitte um sofortige Klarstellung.
Jana

Von: Doreen
Betreff: Re: Wahl
Datum: 7. Oktober 2013 15:00:53
An: Jana
Kopie: alle

Liebe Jana,
ich bin etwas verwirrt über Deine Mail, aber ja, es ist korrekt,
gestern fand wie geplant das Eltern-Lehrer-Treffen vom
Schulchor statt, auf dem auch die neue AG-Leitung gewählt
wurde. So hatten wir es ja beim letzten Treffen vereinbart,
das Datum war ja bekannt. Dass Du nicht gekommen bist,
haben wir als Zeichen verstanden, dass Du Dein Amt ohnehin nicht weiter ausführen wolltest, was, soweit ich weiß, ja
beschlossene Sache war. Oder was ist da schiefgegangen,
können wir das klären?
Herzliche Grüße,
Doreen

Hallo Doreen,

ich bin ehrlich entsetzt. Von welchen weiteren Zeichen sprichst Du? Was für Zeichen habe ich denn gegeben? Und wem? Und wann? Ich habe die Angelegenheiten des Chors in den vergangenen drei Jahren gerne geleitet, und das weißt Du. Auch meine vorübergehenden Auseinandersetzungen mit der Musiklehrerin waren noch lange kein Grund für mich, das Handtuch zu werfen. Und nun so etwas? Ich meine, macht, was Ihr wollt, wenn Ihr mich für die AG nicht mehr braucht, bitte, dann ist das eben so, aber wie das abgelaufen ist, das ist echt nicht zu glauben. Mein Mann und ich sind so wütend, dass wir spontan überlegt haben, Max aus dem Chor zu nehmen, obwohl ihm gerade das Musical viel Spaß macht.

Jana

Von: Doreen
Betreff: Fwd: Re: Re: Wahl
Datum: 7. Oktober 2013 16:26:00
An: Karsten, Corinna, Ida

Hallo Ihr drei,
könnt Ihr mich aufklären, was da wo schiefgelaufen ist? Soweit ich weiß, waren wir uns doch alle einig, dass Jana den Job nicht mehr machen wollte, dass sie das mehrfach gesagt hat und dass ihr Nichtkommen genau das hieß, dass sie nämlich nicht mehr zur Wahl steht.
Hilfe!
Doreen

Von: Karsten
Betreff: Re: Fwd: Re: Re: Wahl
Datum: 7. Oktober 2013 19:33:08
An: Doreen, Corinna, Ida

Hallo,
ärgerlich das Ganze, jetzt so einen Stress zu machen – wir alle wissen ganz genau, dass sie eigentlich nicht mehr wollte, ignorieren, würde ich sagen. Lass uns nachher mal telefonieren, wenn Du magst, Luisa hatte Fieber heute, ich muss noch zwei Extra-Geschichten lesen.
Karsten

Von: Sandra
Betreff: Re: Fwd: Re: Re: Wahl
Datum: 7. Oktober 2013 20:03:08
An: Karsten, Corinna, Doreen

Liebe Doreen,

das ist ja gruselig, ich stehe in jedem Fall hinter Dir und
stärke Dir den Rücken, wo ich nur kann – gerne setzen wir
uns mit Jana einmal hin und besprechen den Vorfall in Ruhe, was meinst Du? Wir sind uns einig, dass sie vor allem
beim letzten Tag der offenen Tür nicht happy war, als Chorleiterin dabei sein zu müssen, und mehrfach gesagt hat, dass
den Job auch mal wer anders machen könnte. Dass wir sie
dann beim Wort nehmen, muss sie eigentlich nicht verwun-
dern. Ist doch auch mal wieder typisch für all die Kleinigkei-
ten, die uns im Grunde nie ganz gepasst haben mit ihr.
Ein dicker Drücker von Sandra

Von: Doreen
Betreff: Re: Re: Re: Wahl
Datum: 7. Oktober 2013 23:00:04
An: Jana
Kopie: alle

Liebe Jana,
ich habe den Vorgang noch einmal nachvollzogen, wir sind
ziemlich viele, die ganz sicher waren, dass Du diese Funktion nicht mehr länger antreten wolltest und dass eine Neu-
wahl daher angemessen war und das jetzt wirklich gar
nichts, aber auch rein gar nichts mit Deiner Art oder Deinem
Handeln zu tun hat. Auch Frau Dietze hat ja zugestimmt,
dass wir die Wahl durchführen, Du musst also auch zu ihr

etwas in der Richtung gesagt haben. Dass es nun doch un-
vorbereitet für Dich kommt, tut mir sehr leid. Wenn Du
möchtest, rege ich eine Wiederholung der Wahl an, an einem
Termin, an dem Du auch kommen kannst. Ich bin auch gerne bereit, Corinna, die ja Deinen Job übernommen hat, zu
bitten, wieder zu verzichten, was für sie sicher enttäuschend
sein würde, aber das wäre dann eben so. Wenn Du den Chor
weiter leiten möchtest, dann sollst Du das tun!
Lass uns eine einvernehmliche Lösung finden, und bitte lass
uns versuchen, die Kinder nicht daran zu beteiligen, es war
ein Missverständnis, und wir alle würden Max im Chor sehr
vermissen.
Herzlich,
Doreen

Von: Corinna
Betreff: Re: Fwd: Re: Re: Wahl
Datum: 9. Oktober 2013 12:05:11
An: Jana, Doreen
Kopie: alle

Liebe Jana, liebe Doreen,
entschuldigt, dass ich mich erst so spät melde, ich war drei
Tage beruflich unterwegs, und Thorsten liest zwar die Mails
hier, aber er wusste, glaube ich, nicht ganz genau, um was es
geht.
Also: Liebe Jana, ich bin zum einen sofort bereit, mein Amt
wieder an Dich zurückzugeben, wenn Du das wünschst. Ich
bin nicht scharf darauf, als die Chorleiterin zu gelten, die un-
rechtmäßig an ihren Posten gekommen ist. Das mal vorweg.
Dennoch muss ich auch sagen, dass mir spontan zwei Gele-
genheiten in den Sinn kommen, bei denen Du mir gegen-

über ganz persönlich Deinen Wunsch geäußert hast, weniger Arbeit mit dem Thema Schule zu haben und insgesamt nicht traurig wärst, wenn zum Übergang in die vierte Klasse ein neuer Kopf das Geschehen übernimmt. Das hast Du im Januar gesagt, als wir uns wegen der kaputten Fenster öfter mit Frau Dietze und den anderen Lehrern getroffen haben, und ganz Ähnliches sagtest Du beim Sommerfest. Dass Du bei der Wahl nun gar nicht dabei warst, das war für uns das klare Zeichen, dass Du das auch wirklich ernst meintest und nicht nur mal ablästern wolltest.

Herzlich,

Corinna

Von: Jana
Betreff: Re: Re: Re: Re: Wahl
Datum: 9. Oktober 2013 12:15:29
An: Doreen, Corinna

Hallo Corinna,

ne, lass gut sein, ich habe die Message verstanden, und mit Frau Dietze werde ich gesondert darüber sprechen. Ich will jetzt, ehrlich gesagt, dazu auch nichts mehr hören. Was eine Übergabe angeht, könnt Ihr Euch ja melden.

Grüße, Jana

16.

VON DER WAHL
EINES NEUEN DUSCHKOPFS

Kinderladen Am Blumengarten, Karlsruhe

Neuerdings tauschen sich Eltern nicht mehr nur über Mailing-
dienste aus, sondern auch über Apps, wie zum Beispiel Whats-
App, eine Anwendung, die es erlaubt, sich über Smartphones
Nachrichten zu senden, ohne dafür sms-Gebühren zu zahlen.

11.03.2014

LassePapa: Jungs! Mädels! Die Duschfrage
muss geklärt werden! 08:17:04

Karl Kerlchen: Hallo! 08:17:33

+ 49172......: Bitte was? 08:18:21

Karl Kerlchen: Hallo! 08:18:33

+ 49163......: Jaaa, halloooo Karl,
die Platte mit dem Sprung. 08:19:21

LassePapa: Es gibt jetzt auch
welche mit Sparmodus. 08:20:04

Martina Löffel: kinder ich raff
nix wer duscht? 08:21:33

Iris Lohmann: Ich denke, er meint den defekten
Duschkopf in der, ja, Dusche, in der Kita. 08:22:33

Karl Kerlchen: Hallo! 08:22:39

LassePapa: Karl, sollen wir einen
Arzt rufen? 08:23:04

Martina Löffel: ich bin arzt, wo
muss operiert werden? 08:23:33

+ 49152......: Tupfer! 08:24:21

LassePapa: Ja, also noch mal ernsthaft: Das Ding ist nicht mehr zu entkalken, außerdem ist der Schlauch so oft geklebt, dass mehr nebenher tropft als oben rauskommt. Es gibt Duschköpfe mit Sparmodus, dass nicht so viel Verbrauch. Abstimmung! 08:26:04

Beate: Wasser sparen finde ich super! 08:27:04

Mimi Magic: zustimm 08:30:21

+ 49163......: Ist der Strahl dann nicht zu schwach? 08:32:21

Martina Löffel: wer hat nen schwachen strahl? 08:32:33

Karl Kerlchen: Hallo! 08:34:03

Karl Kerlchen: Hallo! 08:35:33

LassePapa: KARL??? 08:36:04

Karl Kerlchen: So sorry! Das war Junior am Blackberry, ich weiß nicht wie. 😊😊 08:39:33

LassePapa: Kostenpunkt: ca 30 e 08:40:04

Iris Lohmann: Dafür! 08:42:33

Martina Löffel: was kostet die reparatur? 👿 08:45:33

LassePapa: glaube kaum dass das lohnt bzw geht 08:46:04

Laureen: kommt da denn weniger wasser raus? So muzi wie die kleinen immer sind nich soo die idee. 08:53:20

Iris Lohmann: Laureen, den Unterschied merkt man gar nicht. Wir haben das auch, es ist gut. 08:54:33

Beate: Es geht ja auch nur um 30 Euro! 09:17:04

Laureen: kann ich ja trotzdem mal fragen 09:18:20

Beate: klaro 09:19:04

LassePapa: was ist denn nun? Keiner sonst interessiert? Bestelle abends. 09:45.04

Martina Löffel: würde das geld lieber in die gartendusche stecken 09:47:33

Beate: und im winter??? 09:48:04

Mimi Magic: nur die harten komm in garten ☻ 09:48:21

Beate: ☒☒☒ 10:25:04

Mimi Magic: ohohoho! 10:26:21

LassePapa: und die Dusche? 10:27:04

Ralf: dann kauf sie doch einfach ☻ 10:27:49

LassePapa: Demokratie ist mir auch schön 10:30:04

Iris Lohmann: Lieber Kai, kauf doch bitte den Duschkopf. Ich denke, dass wir uns die 30 Euro aus der Elternkasse leisten können. 12:18:33

Laureen: shee ich nicht so 13:16:20

LassePapa: 3-2-1-dusch 13:17:04

Karl Kerlchen: fein 14:18:33

Tobias Mutzke: Liebe Eltern, schön, dass ihr so viel Zeit habt zum Schreiben, ich muss leider sagen, dass ich mich nicht stundenlang über Duschköpfe austauschen kann und möchte. Ich arbeite im Gegensatz zum Rest von Euch. Klärt das doch beim Bierchen oder so. 14:18:50

Karl Kerlchen: Oh, da ist aber einer empfindlich. Ne, wir sind alle arbeitslos. 15:29:30

LassePapa: Danke, guys, aber nu ists gut, der kopf ist bestellt. Schönen abend! 20:17:04

17.

GELD HER ODER ICH GEBE AUF
Grundschule, Marburg

Von: Katja
Betreff: Zahlung Klassenfahrt Mai
Datum: 27. Februar 2013 09:39:02
An: alle

Hallo zusammen,
wie Ihr ja wisst, ist für Mai die Klassenfahrt zum Bärenbachtal geplant. Als Verwalterin der Klassenkasse möchte ich darauf hinweisen, dass die Frist für die Einzahlung der 150 Euro pro Schüler/Schülerin seit mehr als vier Wochen verstrichen ist. Leider haben zahlreiche Eltern noch keinen Weg gefunden, das Fahrtgeld zu entrichten. Ich bitte also an dieser Stelle alle Eltern, die noch nicht gezahlt haben, sich schnellstmöglich mit mir in Verbindung zu setzen.
Gruß, Katja

Von: Katja
Betreff: Noch mal: Zahlung Klassenfahrt
Datum: 12. März 2013 08:11:31
An: alle

Hallo zusammen,
wie Ihr sicher gelesen habt, habe ich ja vor nunmehr gut vierzehn Tagen per Mail darauf hingewiesen, dass etliche Beiträge zur Begleichung der Kosten für die im Mai anstehende Klassenfahrt noch ausstehen und das, obwohl die Frist zur Zahlung bereits LANGE verstrichen ist. Konkret: Mehrere Eltern haben die fälligen 150 Euro bisher nicht überwiesen. Auf meine Aufforderung, wer noch nicht gezahlt habe, möge sich bitte melden, hat kaum jemand reagiert.
Heißt: Die Klassenfahrt konnte bisher nicht bezahlt werden! Und das, obwohl der Termin naht und diverse Reservierun-

gen auf der Kippe stehen! Wovon also soll ich nun die ausstehenden Gelder bezahlen? Ich schicke Euch hier zum wiederholten Mal die Kontodaten:

Bank: ...

Kontonummer: ...

BLZ: ...

Folgende Familien haben bisher nicht gezahlt:

Vogel

Sahin

Böhm

Wiechert

Schulz

Haase

Ruppert

Werner

Garcia

Es grüßt, verzweifelt,

Katja

Von: Katja
Betreff: Wolfgangs Mail
Datum: 15. März 2013 17:41:55
An: alle

Liebe Miteltern,
da Wolfgang nicht den Weg gewählt hat, seine Mail mit Euch allen zu teilen, leite ich sie Euch an dieser Stelle weiter, da ich nicht einsehe, warum ich alleine solchen Anschuldigungen ausgesetzt sein sollte, ohne dass jemand davon erfährt. Die ganze Angelegenheit ist äußerst beschwerlich für mich, beschwerlich und unschön, ich kann das nicht einfach hin-

unterschlucken. Es wäre mir sehr lieb, wenn Ihr von Beschuldigungen dieser Art künftig Abstand nehmen könntet und nicht der Versuchung erliegt, mich, die ich immerhin fünf Jahre lang doch wohl gut genug war, die Kasse zu führen, auf diese Art und Weise zur Verzweiflung zu führen. Danke. Katja

Und hier nun die Mail von Wolfgang:

>>Hallo Katja,
ehrlich gesagt bin ich etwas verwundert über Deine Mail(s). Wir haben zum ersten Mal davon gehört, dass sowohl Ort wie auch Kosten der Klassenfahrt bereits beschlossene Sache sind. Ich würde es darüber hinaus vorziehen, wenn Du Angelegenheiten dieser Art nicht über diesen Verteiler zu klären versuchtest, sondern stattdessen auf das gute alte zwischenmenschliche Gespräch zurückgreifen, sprich die Angelegenheit von Angesicht zu Angesicht klären würdest.
Nicht zuletzt aus Datenschutzgründen ist es höchst problematisch, hier alle Namen säumiger Zahler zu nennen. Ich finde es, gelinde gesagt, in höchstem Maße unprofessionell, wie Du in dieser Sache vorgehst – erst lässt Du die Zahlungsfrist in aller Seelenruhe verstreichen und machst dann mit gleich zwei drängenden Mails die Angelegenheit wahnsinnig dringlich und streust vertrauliche Informationen in alle Welt. Wenn Du keinen anderen Weg weißt, mit der Sachlage umzugehen, als hier Menschen, die aus welchen Gründen auch immer nicht zahlen konnten, öffentlich an den Pranger zu stellen, dann rate ich Dir ernsthaft, diese Aufgabe vielleicht an jemanden abzugeben, der sich dieser Herausforderung besser gewachsen sieht.
Grüße Wolfgang <<

Von: Katja
Betreff: Ich höre auf
Datum: 20. März 2013 08:00:18
An: alle

Liebe Miteltern,

ich schreibe Euch, zum hoffentlich letzten Mal, um Euch darüber zu informieren, dass ich mit sofortiger Wirkung die Verantwortung für die Klassenkasse abgebe. Ich habe diese Aufgabe in den vergangenen fünf Jahren, wie ich hoffe, zu Eurer Zufriedenheit ausgeführt, aber jetzt ist bei mir tatsächlich das Maß voll. Ich habe bei meinem Bestreben, das Geld für die Fahrt einzutreiben, Dinge gehört, gelesen und erlebt, auf die ich gerne verzichtet hätte. Eltern, die mir aus dem Weg gehen, die am Telefon ihre Kinder vorschicken und derer ich auch bei persönlichen Besuchen zu Hause nicht habhaft werden konnte. Gut, nun werden einige sagen, so weit, so bekannt, es ist ja nicht so, als hätten mich in den zurückliegenden Jahren nicht einige Verhaltensweisen mancher Leute sehr verwundert. Aber gut, das alles habe ich, wie ich mal behaupten will, einigermaßen stoisch ertragen. Aber nun ist es gut. Nicht zuletzt Wolfgangs Mail und die darin enthaltenen Anschuldigungen und Beleidigungen haben mich sehr getroffen. Ich möchte auf einige Punkte daher noch einmal eingehen.

Dass Ihr erst jetzt von der Fahrt und den Kosten erfahren hättet, ich kann es nicht glauben. Bitte lest die Mitschrift der Elternversammlung von Januar aufmerksam durch. Die Kosten der Fahrt sind seit einem Vierteljahr bekannt!!!

Die Anschuldigung, ich würde »das gute alte zwischenmenschliche Gespräch« nicht schätzen, ist ein Witz! Wolfgang, es sind Väter wie Du, Mütter wie Annegrit, die erst auf nichts reagieren, dann sagen, dass sie nichts wussten, und dann auch noch mein Vorgehen diskreditieren, die mir vorwerfen, ich habe die Frist am Ende mutwillig verstreichen lassen, um mich dann zur Mahnerin aufzuschwingen, die mich dazu bewogen haben, diesen Schnitt zu machen.

Ehrlich, in den vergangenen Jahren habe ich mit dieser Kasse mein Bestes gegeben. Ich danke für die Wertschätzung einiger weniger und bin ganz sicher, dass sich alsbald jemand finden wird, der meine Aufgabe zu Eurer vollsten Zufriedenheit ausführen wird.

Grüße

Katja

Von: Jessica
Betreff: Re: Wolfgangs Mail
Datum: 20. März 2013 11:32:08
An: Katja
Kopie: alle

Hallo Katja,

nun, ich muss Wolfgang in einem Punkt recht geben: Es war beschlossen, auf dem Elternabend im Februar, dass Du die säumigen Zahler alleine anschreiben oder ansprechen würdest. Das ist nicht geschehen. Davon, sie öffentlich als unzuverlässig oder finanziell nicht so gut dabei zur Schau zu stellen, war nie die Rede. Das alles hätte man mit weit mehr Diskretion erledigen können und müssen. Wenn Dir dieser Job zu viel wird, dann gib ihn ab.

So sieht es aus, als wolltest Du die Elternschaft gegeneinander ausspielen – die Zahlenden gegen die armen Schlucker, die nichts beisteuern.

Mich schmerzt es vor allem, dass nun die gute Frau Fiedler auch darunter zu leiden hat, was hier passiert, sie und die

Kinder haben sich ehrlich auf diese Fahrt gefreut. Inzwischen haben schon andere Lehrer die Kinder darauf angesprochen, was da gerade passiert.

Aber gut, ich will mich nicht mit Dir streiten, ich denke nur, dass die Verantwortung für die Klassenkasse zwingend jemand übernehmen sollte, der diese Belastung auch aushält und ein Gespür dafür hat, was an die Öffentlichkeit gehört und was nicht.

Viele Grüße

Jessica

Von: Yvonne Haase
Betreff: Re: Re: Wolfgangs Mail
Datum: 20. März 2013 16:57:11
An: Jessica
Kopie: alle

Hallo in die Runde,

auch ich kann mich nicht erinnern, dass abgemacht war, diejenigen, die nicht zahlen, so offen zu benennen. Dass ich mich nun auch auf dieser Liste wiederfinde, hat mich zunächst doch sehr verwundert. Ich war mir nämlich sehr sicher, dass ich überwiesen hatte, und darum habe ich auf die merkwürdige Mail von Katja auch nicht reagiert. Ich gebe zu, dass der Fehler bei mir lag: Ich hatte vergessen, die Überweisung auch wirklich abzuschicken, sie war schon bereit, aber ich hatte keine neuen Nummern mehr für die Online-Transaktion. Dass man nicht überwiesen hat, muss also nicht gleich bedeuten, dass man finanziell in Not ist. Wenn ich das richtig erinnere, hatten wir doch beschlossen, dass diejenigen, die aus Geldknappheit nicht zahlen können, sich bei Katja oder mir melden und dass wir mit denen dann unter vier bzw. sechs Augen zum Beispiel über Ratenzahlung oder dergleichen sprechen – und diese Personen/Eltern nicht offen vor allen benennen. Bei mir hat sich niemand gemeldet. Ich meine also, dass alle, die hier jetzt genannt sind, eben nicht die sind, die nicht zahlen können, sondern eher die, die es verpennt haben oder da einfach nicht so zuverlässig sind. Wenn ich mich irre, wäre das allerdings in jedem Fall ziemlich krass.

Aber bitte, auch von mir: Wenn wir wollen, dass die Kinder fahren, dann müssen wir zahlen!

Es wäre mir auch sehr lieb, wenn wir diese Art von Diskussionen nicht hier per Mail führen würden. Da sagen doch viele Dinge, die sie einem nie sagen würden, wenn sie einem dabei in die Augen blicken – und wenn das ein oder andere ungesagt bliebe, das wäre ja nicht das Schlechteste, oder?

Herzlich

Yvonne

18.

KARTOFFELDRUCK OHNE KARTOFFELN

Kinderhaus Allerleirauh, Berlin

Von: Ellie
Betreff: Geschenk für Frau Busch
Datum: 26. November 2013 13:19:14
An: alle

Hallo,
wollte mich mal melden wg. Weihnachtsgeschenk Frau
Busch. Wer hat Ideen? Kann gerne Besorgung und Verpa-
ckung übernehmen, bin aber ideenmäßig ratlos.
Grüße,
Ellie (Nora)

Von: Britta
Betreff: Re: Geschenk für Frau Busch
Datum: 26. November 2013 13:22:18
An: Ellie
Kopie: alle

Hi Ellie, hallo Miteltern,
ich finde, dass man finanziell nicht übertreiben und die Kleinen bei der Geschenksache mit einbeziehen sollte. Das wird
Frau Busch am meisten freuen, wenn ihre »Kampfzwerge«
kreativ werden. Was haltet Ihr von einem gemeinsamen Bild?
Alle drucken was (mit Kartoffeln z. B.) auf eine große Leinwand. Könnte man gut nachmittags organisieren.
Grüße von
Britta (Tim)

Von: Petra
Betreff: Re: Re: Geschenk für Frau Busch
Datum: 26. November 2013 18:38:18
An: alle

Kampfzwerge, sehr schön. Würde es aber begrüßen, den
Aufwand gering zu halten, zu viel Stress gerade mit Umzug,
Streichen, Notar etc. Geht sie nicht gerne schwimmen? Wie
wäre eine Karte fürs Wellenbad inkl. Sauna und so?
Best, Petra (Ma von Benedict)

Von: Christine
Betreff: Re: Re: Re: Geschenk für Frau Busch
Datum: 26. November 2013 18:40:22
An: Britta
Kopie: alle

Hallo Ihr Lieben,
also ich finde die Idee, etwas selber zu machen, sehr schön,
schätze sie auch so ein, dass sie das eher freut als die üblichen Verlegenheitsgutscheine. Ich könnte die Leinwand besorgen, Bastelladen ist direkt ums Eck, und irgendwann
nächste Woche mitbringen. Dann müssten wir nur sehen,
dass wir uns vor dem Eingang irgendwo postieren und un-
auffällig jedes Kind »stempeln« lassen.
Grüßis, Christine (Lea)

Von: Nadine
Betreff: Re: Re: Re: Re: Geschenk für Frau Busch
Datum: 26. November 2013 22:23:20
An: Christine
Kopie: alle

Hallo,
bitte nicht Mittwoch, da sind wir mit Leon beim Zahnarzt
und danach zu Hause (Zahnfleisch, ist bisschen unange-
nehm, also lieber Mama-Kuscheln auf dem Sofa).
LG, Nadine

Von: Anke
Betreff: Re: Re: Geschenk für Frau Busch
Datum: 27. November 2013 09:51:17
An: Britta
Kopie: alle

Hallo zusammen,
finde Selbermachen auch fein, hätte noch als Idee: ein eigenes Kochbuch oder Plätzchenbuch basteln. Jedes Kind kann
sein Lieblingsessen (Lieblingsweihnachtskeks) malen, und
wir stellen das Rezept dazu oder so ...???
Anke (Lilly)

Von: Martin
Betreff: Re: Re: Re: Geschenk für Frau Busch
Datum: 27. November 2013 11:32:52
An: Anke
Kopie: alle

Yummee, 13 x Nudeln mit Bolo-Sauce, hoffentlich lädt sie uns mal zum Essen ein!
:-)))

Von: Annette
Betreff: Re: Re: Re: Re: Geschenk für Frau Busch
Datum: 27. November 2013 12:19:59
An: Martin
Kopie: alle

Hehe, aber mindestens einmal Schokopudding mit Schokosauce und Schokostreuseln wäre auch dabei :-))

Von: Timo
Betreff: Re: Re: Re: Re: Re: Geschenk für Frau Busch
Datum: 27. November 2013 12:22:11
An: Annette
Kopie: alle

Und ein hausgroßer Berg Sahne ...

Von: Anke
Betreff: Re: Re: Re: Re: Re: Re: Geschenk für Frau Busch
Datum: 27. November 2013 12:29:16
An: Timo
Kopie: alle

O. k., so natürlich nicht, vielleicht war es auch keine gute
Idee, ich dachte nur, ich sage Euch mal, was mir dazu ein-
fällt, wenn schon Ideen gesucht werden. Bild mit Kartoffeldruck ist aber auch o. k.
Grüße von Anke

Von: René
Betreff: Bild
Datum: 27. November 2013 14:05:16
An: Anke
Kopie: alle

Hey, Bild ist fein, auch wenn vielleicht wirklich nicht alle
Kinder mitmachen können – aber das hätten wir beim Kochbuch auch kaum geschafft.
@alle: Habt Ihr nicht noch von der selbstgemachten Marme-
lade vom Sommerfest? Ich weiß, dass Frau Busch die gerne
mochte, wenn sich noch ein Glas findet irgendwo, könnten
wir es dazutun?
Viele Grüße von der Autobahnraststätte (Warum sind die eigentlich immer so schlimm? Mia hat sich geweigert, hier Pi-
pi zu machen, recht hat sie.)
René

Von: Rainer
Betreff: Re: Bild
Datum: 27. November 2013 14:38:00
An: René
Kopie: alle

Geht Ihr denn nicht in die Sanifair-Klos? Würde mit den
Kleinen nie in diese komischen Häuschen gehen, die schon
drei Meilen gegen den Wind miefen wie 'n Kuhstall! Carla ist
ganz heiß auf die 50-Cent-Marken, dafür gibt's manchmal
Duplo ...
Ciao,
Rainer

Von: Miriam
Betreff: Re: Re: Bild
Datum: 27. November 2013 15:01:09
An: Rainer
Kopie: alle

Sorry, könnt Ihr das bitte woanders klären? Ich denke bei jeder Message, es geht um was Wichtiges, und dann kommen
die Klos.
Miriam

Von: Rainer
Betreff: Re: Re: Re: Bild
Datum: 27. November 2013 15:30:09
An: Miriam
Kopie: alle

Gut, Ihr Sensiblen dieses Planeten, nachdem wir neulich der
nervenzerfetzend thrillenden Debatte über die Zusatzstoffe
in Feuchttüchern folgen durften, war ich beim Thema Lokus
ganz entspannt, aber zur Sache: Carla liebt Kartoffeldruck,
und ich bringe gerne einen Sack potatoes mit. Vielleicht sollte man die vorher schon zurechtschnitzen? Wie geht so was?
Carlas Mama wird gefragt sein, hu hu, Darling ...
Rainer

Von: Miriam
Betreff: Re: Re: Re: Re: Bild
Datum: 27. November 2013 15:43:29
An: Rainer
Kopie: alle

Ich bin schon der Meinung, dass es einen Unterschied macht,
ob wir darüber nachdenken, wie wir unseren Kindern unnötige Konservierungsstoffe auf der Haut ersparen oder ob
wir hier über Gerüche auf Autobahnraststätten nachdenken.
Immerhin sind Allergien, die einen ein Leben lang begleiten,
kein Spaß, verglichen mit einmal pullern sonst wo.
@Britta: Gute Idee mit dem Kartoffelbild, das ist auch nicht
so weihnachtslastig wie letztes Jahr.
Miriam

Von: Rainer
Betreff: Kartoffeln
Datum: 27. November 2013 21:00:27
An: alle

Muss leider kartoffelmäßig einen Rückzieher machen – wir werden es nicht schaffen, die Stempel zu schnitzen bis nächste Woche, da meine Schwiegermutter vier Tage kommt, da bin ich denn eher gebunden.
Sorry, Rainer

Von: Malte
Betreff: Re: Kartoffeln
Datum: 27. November 2013 21:38:00
An: Rainer
Kopie: alle

Ich hätte da mal 'ne Idee: Lass doch Schwiegermutti ran!

Von: Rainer
Betreff: Re: Re: Kartoffeln
Datum: 27. November 2013 21:40:07
An: Malte
Kopie: alle

Geht nicht, ziemlich schlimm Rheuma. Aber gut, wir lösen das schon. Verzeiht das Hin und Her.
R

Von: Torben
Betreff: Re: Re: Re: Kartoffeln
Datum: 27. November 2013 22:22:07
An: alle

Ich bin ein Papa, holt mich hier raus!
Torben am Rande des Nervenzusammenbruchs

Von: Ellie
Betreff: Re: Re: Re: Re: Kartoffeln
Datum: 28. November 2013 11:24:01
An: alle

Ihr Lieben,
es bleibt also beim Bild, sehe ich das richtig, Rainer, dass Du
nun doch die Kartoffeln für alle mitbringst? Dann besorgt
Christine eine Leinwand, wenn's geht, auch gleich passende
Farbe, und ich nehme das Teil Donnerstag dann zum Trock-
nen mit, und wir schenken es an der Nikolausfeier, o.k.?
Treffen ist 15.00 bis 15.30 Uhr (wir gehen dann in den Betreu-
erraum, habe schon mal bei Herrn Radtke angeklopft).
Danke für Eure Ideen und Input,
Ellie

19.

ICH REGE MICH NICHT AUF –
ES GEHT DOCH NUR UMS PUTZEN

Kinderladen Kölner Krümel, Köln

Von: Christoph
Betreff: Saustall
Datum: 20. Januar 2014 18:26:08
An: alle

Hallo,
ich bin heute zufällig in die Waschräume im KiLa gegangen,
weil ich Fahrradschmiere an den Fingern hatte, und bin fast
hintenüber gekippt, als ich da drin war. Der Gestank war nicht
zum Aushalten! Und wie's da aussah, ehrlich Leute, das war
schlimmer als im Obdachlosenheim, unzumutbar! Ich bitte
den Zuständigen (Jasper??), hier mal vorbeizuschauen, die
Putzleute scheinen sich eher gemütliche Tage zu machen als
da gründlich reinzugehen.
Grüße von Christoph

Von: Justus
Betreff: Re: Saustall
Datum: 20. Januar 2014 19:49:11
An: Christoph
Kopie: alle

Hi Christoph,
recht hast Du, den Mief hab ich auch bemerkt, aber das hat
nicht nur damit zu tun, dass halt viel danebengeht und die
Kerls von der Putzfirma Faulpelze sind: Die Abflüsse sind
Asbach, soweit ich weiß, wird der ganze Block bald grundle-
gend gecheckt, zumindest stand das neulich im Aushang im
Flur unten, vielleicht hat das von Euch noch jemand gesehen.
Jenny will in jedem Fall morgen gleich beim Eigentümer
nachhaken, was da Sache ist. Sie meinte, bis dahin müssten
wir halt ab und an Abflussfrei reinkippen, natürlich nur, wenn

die Kinder weg sind, also das als Aufforderung an den Elterndienst freitags abends!

LG, Justus

Von: Roland
Betreff: Re: Re: Saustall
Datum: 20. Januar 2014 21:40:00
An: Christoph
Kopie: alle

Moin, da kann ich mich doch praktischerweise gleich anschließen, denn nicht nur der Gestank ist ziemlich krass, aber es gibt ja Hoffnung, sondern da ich ja montags oft der Erste bin, der da ist, muss ich mal an die Freitagsschicht appellieren, etwas sorgfältiger zu Werke zu gehen. Nichts für ungut, Moni und Jasper, aber meint Ihr nicht, dass man auch von den Erzieherinnen verlangen könnte, dass sie das Geschirr in die Spülmaschine stellen? Die sind ja oft die Letzten, wenn Ihr schon weg seid, und dann könnte man doch davon ausgehen, dass sie für Montag schon mal ein bisschen vorarbeiten, oder? Ich latsche jede zweite Woche in einen Berg Drecksgeschirr auf den Tischen rein, und gestern hatte ich das Vergnügen, eine schimmelige Tasse im Kasperltheater zu finden. Ich hatte Jenny einen Zettel hingelegt, aber darauf natürlich nichts gehört, wen wundert's. Also: Wer freitags im Dienst ist, noch mal checken bitte, Jenny darauf hinweisen und gerne den Kids einen kleinen Schubs geben – Tischdienst hat noch keinen umgebracht.

Es grüßt Roland

Von: Greta
Betreff: Re: Re: Re: Saustall
Datum: 21. Januar 2014 10:39:50
An: Christoph
Kopie: alle

Hallo Christoph,
willkommen im echten Leben – sag nicht, dass Du jetzt erst
bemerkt hast, dass wir in den Sanitäranlagen ein Problem
haben? Die Kiddies träumen schon von Gasmasken :-) Ich
finde allerdings, dass wir Jenny & Flo jetzt mal ernsthaft hinweisen sollten, dass sie wenigstens abends ein bisschen Abflussfrei in die Waschbecken gießen, dass da von unten nicht
der ganze Mief über Nacht hochkommt (Tipp von unserem
Hausmeister, haben wir ja neulich schon besprochen; zumindest ein bisschen Abhilfe, bis die Rohre gemacht werden).
Greta grüßt alle lieb

Von: Moni
Betreff: Re: Re: Re: Saustall
Datum: 21. Januar 2014 11:22:34
An: Roland
Kopie: alle

Hi Roland,
da ich hier ja schon direkt angesprochen werde, ich war tatsächlich am Freitag die Letzte im KiLa, auch nach Jenny und
Flo, und habe mich bemüht, wenigstens das Gröbste wegzu-
machen. Aber mal im Ernst, wir zahlen doch dieser Firma
nicht wenig Kohle im Monat, man darf schon verlangen,
dass die mal ein paar Tassen wegstellen. Im Kasperltheater
hab ich natürlich auch nicht geschaut :-(

Würde also vorschlagen, mit denen mal zu sprechen und dann erst bei Jenny und Flo den großen Auftritt in Sachen Tischdienst zu machen. Das erinnert mich immer gleich an Jugendherbergen, wo auch immer ein paar den Deppenjob hatten, die Hagebuttenteekannen zu reinigen für den nächsten Tag, ha ha.

Moni

Von: Alina
Betreff: Re: Re: Re: Re: Saustall
Datum: 21. Januar 2014 11:54:12
An: Moni
Kopie: alle

Hallo alle,

Moni, mal ehrlich, dass die Kids Tischdienste machen, ist aber klar, oder? Wir erziehen sie sicher nicht dazu, sich von anderen das Geschirr wegräumen zu lassen. Wenn Jenny und Flo das nicht in den Griff bekommen, dann müssen wir sehr wohl mit den zwei mal sprechen und zusammen gucken, was man anders machen kann, aber der Putzdienst ist wohl kaum dazu da, den Kindern hinterherzuräumen, so was fangen wir gar nicht erst an.

Liebe Grüße,

Alina

Von: Moni
Betreff: Re: Re: Re: Re: Saustall
Datum: 21. Januar 2014 16:04:19
An: Alina
Kopie: alle

Hey Alina, reg Dich nicht auf, ich finde schon, dass es dazu-gehört, das Geschirr in die Maschine zu stellen, das fällt für mich schon auch unter saubermachen.
Grüße,
Moni

Von: Alina
Betreff: Re: Re: Re: Re: Re: Saustall
Datum: 21. Januar 2014 18:25:55
An: Moni
Kopie: alle

Nein, sehe ich überhaupt nicht so, was sollen die Kinder ler-nen, bitte, wenn sie genau wissen, dass immer eine kommt und hinter ihnen den Dreck wegräumt? Bei uns zu Hause ist das jedenfalls nicht so, wir räumen zusammen den Tisch ab, und soweit ich das sehe, wird keiner einen bleibenden Scha-den davontragen. Ich finde, Du solltest hier jetzt auch nicht so die pädagogischen Grundsätze des KiLa hinterfragen, oder ich empfehle Dir einen erneuten Blick in die Satzung bzw. das pädagogische Konzept: Persönlichkeitsentwicklung, Stärkung der Selbstverantwortung sage ich nur.
Und ich rege mich nicht auf.
Alina

Von: Roland
Betreff: Re: Re: Re: Re: Re: Re: Saustall
Datum: 21. Januar 2014 19:58:23
An: alle

Vorschlag zur Güte: Ich spreche Jenny und Flo morgen an und telefoniere zur Not auch mal mit der Putzfirma. Und ich glaube, dass wir alle ziemlich gut wissen, was im pädagogischen Konzept steht, und ich finde es daher nicht so gut, dass hier so gestritten wird; ich denke, dass wir da eine einvernehmliche Lösung finden können.
Herzlich, Roland

20.

WER SPRACH MIT WEM,
WANN UND WARUM?

Kindergarten Wirbelwind, Mannheim

Von: B. Eckhardt, Leitung Kindergarten Wirbelwind
Betreff: Elterngespräch
Datum: 10. April 2013 11:03:19
An: Nadine Trautmann

Sehr geehrte Frau Trautmann,
vielen Dank für Ihre Nachricht und Ihre Nachfrage zum
Thema Betreuung. Es hat in der vergangenen Woche ein Elterntermin stattgefunden, der auf Anregung der Elternvertreter zustande kam. Anwesend waren außer mir und Frau
Werling noch Frau Meyer aus der Krokodilgruppe und Frau
Funke aus der Igelgruppe. Es waren jeweils die Elternvertre-
ter der einzelnen Gruppen auch anwesend. Wir haben das
Thema Personalmangel besprochen, was der Anlass für die
Bitte um ein Gespräch gewesen ist, und ich denke, dass wir
offen und respektvoll miteinander sprechen konnten, trotz
der angespannten Lage. Ich möchte Sie bitten, Einzelheiten
über Ihre Elternvertreter, Herrn Laubenheim und Frau
Schmidt, zu erfragen.
Mit freundlichen Grüßen,
B. Eckhardt, Leitung Kindergarten Wirbelwind

Von: Nadine Trautmann
Betreff: Fwd: Elterngespräch
Datum: 10. April 2013 19:53:59
An: alle

Liebe Eltern,
ich leite Euch hier eine Mail von Frau Eckhardt weiter, die sie
mir auf Nachfrage zum Thema Personalmangel geschrieben
hat, und bitte vor allem Markus Laubenheim und Tamara
Schmidt um Stellungnahme. Ich habe das Gefühl, dass hier

ein wirklich relevanter Termin stattgefunden hat, von dem wir (nur ich?) nichts wussten.

Viele Grüße,

Nadine Trautmann (Jonas und Milena)

Von: Maike
Betreff: Re: Fwd: Elterngespräch
Datum: 10. April 2013 20:13:19
An: Nadine Trautmann
Kopie: alle

ach, ist ja interessant, ne, nie gehört von dem termin, warum wird so was wichtiges im geheimen abgemacht??? sehe das sehr kritisch.

maike

Von: Justus Frank
Betreff: Re: Re: Fwd: Elterngespräch
Datum: 10. April 2013 20:56:00
An: Nadine Trautmann
Kopie: alle

Liebe Nadine, danke, dass Du nachgefragt und uns die Antwort zugänglich gemacht hast. Ich bin angesichts dieser Unverfrorenheit unserer Elternvertreter, und wenn man sich das Wort mal genau ansieht, dann hat das viel mit Vertretung von uns Eltern zu tun, nicht mit Ich-vertrete-michselbst, ehrlich erzürnt und wünsche mir unverzüglich ein klärendes Wort von beiden.

Beste Grüße,

Justus Frank

Von: Giulia Kütter
Betreff: Re: Re: Re: Fwd: Elterngespräch
Datum: 10. April 2013 22:01:07
An: Nadine Trautmann
Kopie: alle

Hello everybody,
find's auch schade, dass wir bei so einem wichtigen Thema
außen vor gelassen wurden, aber noch merkwürdiger finde
ich, dass ein solches Treffen ohne den Kita-Träger stattgefunden hat (oder fehlt uns hier auch die Info?), Frau Werling
kann ja an sich auch nichts machen, wenn andere ständig
krank sind und Fehlzeiten entstehen und Engpässe bei der
Betreuung. Ich hätte es sinnvoll gefunden, den Träger direkt
mit einzubeziehen, denn nur die können was machen.
@ Tanja und Markus, wäre schön, von Euch dazu zu hören!
Giulia

Von: Tanja und Markus
Betreff: Re: Re: Re: Re: Fwd: Elterngespräch
Datum: 12. April 2013 09:23:14
An: Giulia
Kopie: alle

Liebe Eltern,
wir alle sind uns darüber einig, dass die Personalsituation
im Wirbelwind insgesamt so nicht länger tragbar ist, das haben wir immer wieder in den unterschiedlichsten Runden
diskutiert. Nun stellte sich die Frage: Wie damit umgehen?
Und da erschien uns als erster Schritt der Schulterschluss
mit den anderen Gruppen und den Vertretern der Einrichtung der beste Weg. Denn, und das ist uns besonders wich-

tig, in diesem Prozess soll auf keinen Fall der Eindruck entstehen, dass es hier darum geht, die Arbeit von Frau Werling
oder der Erzieherinnen aus den anderen Gruppen zu diskreditieren. Das haben wir Frau Eckhardt gegenüber auch sehr
deutlich gemacht. Ohne ihr Wissen direkt mit dem Kita-Träger den Kontakt aufzunehmen, erschien uns nicht korrekt,
daher also zunächst einmal der Versuch, ihr unsere Sicht der
Dinge zu vermitteln.

Und nun zu dem Punkt, warum wir daraus keine elternoffene
Veranstaltung gemacht haben: zum einen, um den Eindruck
zu vermeiden, es solle hier öffentlich über bestimmte Erzieher zu Gericht gesessen werden, zum anderen auch, um zunächst eine gemeinsame Linie im kleinen Kreis zu finden,
die wir dann, im zweiten Schritt, mit allen erörtern möchten.
Dazu wird eine Einladung zu einer Elternversammlung in-
nerhalb der nächsten 14 Tage erfolgen.

Es tut uns leid, wenn es bei Euch zu Verstimmungen gekommen ist, bitte glaubt uns, dass dieser Weg nur eingeschlagen
wurde, weil wir der festen Überzeugung waren, das Beste zu
entscheiden, und zwar für alle.

Herzlich,
Tanja Schmidt, Markus Laubenheim

Von: Katharina
Betreff: Re: Re: Re: Re: Re: Fwd: Elterngespräch
Datum: 12. April 2013 10:34:54
An: Tanja Schmidt, Markus Laubenheim
Kopie: alle

Hallo Ihr zwei,
das beantwortet aber immer noch nicht die Frage, was denn
jetzt eigentlich besprochen wurde. Wurdet Ihr wieder nur

mit einer neuen Liste von Vertretungslösungen abgespeist?
Sicher hat Frau Eckhardt noch drei oder vier Praktikantinnen irgendwo gefunden, die gerne mal für zwei Monate in
den Wirbelwind kommen. Und dann spurlos wieder verschwinden. Super für unsere Kinder, alle acht Wochen ein
neues Gesicht!
Freut sich auf Klärung:
Katharina

Von: Anna
Betreff: Re: Re: Re: Re: Re: Fwd: Elterngespräch
Datum: 12. April 2013 10:56:14
An: Katharina
Kopie: alle

zustimm

Von: Claudia
Betreff: Re: Re: Re: Re: Re: Re: Fwd: Elterngespräch
Datum: 12. April 2013 12:03:14
An: Anna
Kopie: alle

Liebe Eltern,
ich bin auch Eurer Meinung, dass das geheime Treffen nicht
o.k. war, aber die Polemik Frau Eckhardt gegenüber finde ich
reichlich übertrieben. Ich denke, dass sie sich alle große Mühe geben, die Ausfälle schnell zu überbrücken. Dass stattdessen dann erst mal Praktikantinnen kamen, finde ich auch
nur semioptimal, aber wenn sie die Kleinen zwangsweise
auf die anderen Gruppen verteilt hätten, hätte auch keiner was

davon gehabt. Wie ich hörte, hat der Träger in anderen Kitas schon mehrfach Frauen aus einer Zeitarbeitsfirma eingestellt, das könnte doch auch für uns ein Weg sein, zumindest bis der Träger die Möglichkeit hat, eine neue Stelle zu schaffen und dauerhaft zu besetzen. Soweit ich weiß, wird das in ungefähr einem halben Jahr der Fall sein, dass wir eine neue Stelle bekommen.

Es grüßt: Claudia

Von: Jörg
Betreff: Re: Re: Re: Re: Re: Re: Re: Fwd: Elterngespräch
Datum: 12. April 2013 15:13:45
An: Claudia
Kopie: alle

Zeitarbeit und eingestellt, sorry, aber dass sich da was beißt, merkt man gleich.

Jörg

Von: Janina
Betreff: Wirbelwind Personal
Datum: 12. April 2013 22:54:00
An: Claudia
Kopie: alle

Hallo Claudia,

ja, das habe ich auch gehört, und soweit ich weiß, wird das im Wirbelwind auch kommen, und ich kann nur sagen, dass es allemal besser ist, für sechs oder sieben Monate jemanden zu haben, als alle paar Wochen einen Wechsel in Kauf zu nehmen. Allerdings, und das sollten wir vielleicht mal ernsthaft durch einen Juristen prüfen lassen, haben wir immer noch die Möglichkeit, den Träger zu verklagen, weil er so lange die gesetzlich vorgeschriebene Betreuung nicht gewährleisten konnte.

Grüße am späten Abend von Janina (Sophie)

Von: Justus Frank
Betreff: Re: Wirbelwind Personal
Datum: 14. April 2013 16:30:00
An: Janina
Kopie: alle

Liebe Janina,

zur Erinnerung, ich bin ja als Anwalt tätig, wenn auch mein Arbeitsschwerpunkt nicht direkt etwas mit Kindergärten zu tun hat ... Was da abläuft, ist unter aller Kanone, aber, meine Lieben, ist es das wert, zu klagen? Ich persönlich warne eindringlich vor überhitzten Beschlüssen, wenn wir uns jetzt auf ein monatelanges Scharmützel mit dem Träger einlassen, dann leiden am Ende, und da bin ich mir sehr sicher, vor allem die Betreuerinnen und nicht zuletzt auch die Kinder. Ja, es ist unbefriedigend, wie es abläuft, aber über die unterschiedlichen Vertretungslösungen haben sie bisher doch immer noch einen nahezu reibungslosen Ablauf ermöglicht, das dürfen wir nicht vergessen. Sehr wohl aber müssen wir deutlich machen, dass wir die neue Stelle dann auch bekommen müssen, aber da haben wir ja die allerbesten Argumente.

Best,

Justus Frank (Mirko)

Von: Jenny
Betreff: Re: Re: Wirbelwind Personal
Datum: 15. April 2013 13:25:50
An: Justus Frank
Kopie: alle

Ich finde, Justus hat recht, was sollte denn eine Klage jetzt
bringen außer böses Blut, und wenn ich das hier richtig sehe, wird das Problem ja schon angegangen, und da ich selber
auch schon mal als Zeitarbeiterin gearbeitet habe, kann ich
nur sagen, dass man da auch mal ein bisschen toleranter
sein könnte, ich war froh, den Job zu haben (ganz andere
Branche), und mir wurde nicht mit solchen Vorurteilen be-
gegnet, daran kann man ja auch mal denken, an die, die es
dann wirklich betrifft.
Jenny (mit Lukas und Papa Tom)

Von: Tanja und Markus
Betreff: Re: Re: Re: Wirbelwind Personal
Datum: 23. April 2013 15:39:01
An: Jenny
Kopie: alle

Liebe Eltern,
im Anhang findet Ihr das Protokoll der Elternversammlung
und für alle, die nicht dabei sein konnten, die gute Nachricht
vorweg: Nelly wird nach Ende ihres Praktikums eine Ausbil-
dung im Wirbelwind beginnen, und im Oktober startet zu-
dem in unserer Gruppe eine neue Kraft, Regula Nimmich,
die in den letzten Jahren vor allem als Tamu* unterwegs war
und nun wieder in eine Einrichtung wechseln möchte. Wir
freuen uns sehr, dass Kita und Träger diesen Entschluss tref-

fen konnten, und erhoffen uns nun für alle eine entspanntere Situation!

Einen schönen Abend wünschen

Tanja und Markus

* Tamu: Tagesmutter

21.

BELOHNEN VERBOTEN
Grundschule, Bremen

Von: Jennifer und Jörg
Betreff: Belohnungssystem
Datum: 7. September 2012 13:24:12
An: alle

Liebe Miteltern,

ich würde heute gerne eine Sache ansprechen, die mich in
letzter Zeit immer wieder sehr verwundert hat, und da wüsste ich einfach gerne, ob Ihr die gleichen Erfahrungen gemacht habt wie wir (Eltern von Lasse). Lasse ist in letzter Zeit
ein paar Mal mit kleinen Stempeln im Heft nach Hause gekommen, offenbar eine Auszeichnung, wenn er eine Hausaufgabe besonders gut gemacht hat oder viele Fragen im Unterricht zu beantworten wusste. Es handelte sich dabei um
Blumenmotive oder Fußbälle und Tierbilder. Er meinte, das
sei jetzt so, dass Frau Jung immer dann einen Stempel gibt,
wenn sie eine Auszeichnung ausspricht. Ich war etwas erstaunt, da wir uns ja mit ihr darauf verständigt haben, in den
ersten zwei Jahren keinerlei Bewertungssystem einzuführen,
und nun kommt sie nach einem Jahr mit so was. Ein Bild-
chen ist meiner Meinung nach genauso eine Bewertung wie
eine Zensur, sie kann meiner Meinung nach nicht ein Sys-
tem durch das andere ersetzen. Denn was macht es mit den
Kindern, die keine Stempel bekommen? Was meint Ihr? Wir
freuen uns auf Eure Erfahrungen!
Jennifer und Jörg

Von: Lara
Betreff: Re: Belohnungssystem
Datum: 7. September 2012 15:33:00
An: Jennifer und Jörg
Kopie: alle

Liebe Jennifer, lieber Jörg,
solche Bewertungsstempel sind uns noch nicht aufgefallen,
was immer das nun über Linas Engagement im Unterricht
sagen mag (darauf angesprochen, hat sie eher bockig reagiert, das Thema scheint ihr nicht besonders Spaß zu machen, was ich, ehrlich gesagt, schon alarmierend genug finde!). Ich wüsste also gerne mehr darüber und hoffe, dass sich
noch andere Eltern mit ihren Erfahrungen melden. Was ich
allerdings noch viel schlimmer finde, und hier spreche ich
über einen Vorfall, der Gott sei Dank nicht Lina betraf, sondern ein anderes Kind, dessen Eltern hier aber nicht öffentlich sprechen möchten: Dieses Kind wurde im Sportunterricht gezwungen, die Übungen der Stunde vor allen anderen
noch einmal vorzuturnen – und das nur, weil es während ir-
gendeines Abschlusskreises Quatsch gemacht bzw. gequas-
selt hat. Ich finde solche Bestrafungsmethoden extrem unan-
gemessen und schlimm, das betroffene Kind hat an der
Sonderübung vor allen überhaupt keinen Spaß gehabt und
hat sich sehr geschämt, dass es so zur Schau gestellt wurde.
Ich kann die Eltern verstehen, die darüber lieber alleine mit
Herrn Bader und Frau Jung sprechen möchten, aber ich finde, auch wir anderen sollten uns entschieden gegen solche
Bestrafungsaktionen aussprechen, zumal man ja nicht weiß,
welches Kind als Nächstes eine Ehrenrunde in der Turnhalle
drehen darf.
Erbost und besorgt: Lara (Mama von Lina)

Hallo zusammen,
von dem Vorfall in der Turnhalle hat Felix auch erzählt, wir
hatten uns schon gefragt, was es damit auf sich hat. Nein, so
was kann nicht sein, das ist zutiefst demütigend, das müssen
wir bei nächster Gelegenheit den Lehrern vorbringen, dass
wir entschieden gegen diese Art von Kasernenhofmentalität
sind. Die Stempel sind uns auch aufgefallen, das scheint
Frau Jungs neue Wunderwaffe der Motivation zu sein, man
muss sich schon fragen, was da los ist, dass sie plötzlich zu
Methoden greifen, die mehr als gestrig zu nennen sind –
Fleißpunkte im Heft, das ist doch, pardon, echt ein Mist, wie
viele Kinder werden denn dadurch total demotiviert? Natürlich alle, die keinen Stempel bekommen, das ist ja banal.
Und ich nehme nicht an, dass Frau Jung allen etwas ins Heft
stempelt. Den Sinn dieser Maßnahme kann ich zwar nach-
vollziehen, aber gutheißen tun wir das nicht.
Herzlich,
Ralph und Marie (Felix)

Von: Mathias
Betreff: Re: Re: Belohnungssystem
Datum: 9. September 2012 11:18:34
An: Lara
Kopie: alle

Hallo alle,
ich habe nicht das Gefühl, dass diese Stempel den Kindern
schaden. Zumindest müssen wir uns auch sagen, dass über
die Kinder nichts wirklich neutral zu uns dringt, wir sollten
also eher die Lehrerin fragen und nicht die Kinder, was es
damit auf sich hat, auch mit der Strafaktion. Denke insgesamt, ein bisschen Vertrauen kann nicht schaden.
In Eile: Mathias (Ben)

Von: Ralph und Marie
Betreff: Re: Re: Re: Belohnungssystem
Datum: 10. September 2012 17:34:49
An: Mathias
Kopie: alle

Lieber Mathias, liebe alle,
ich bin auch der Meinung, dass wir ruhig ein bisschen Vertrauen in Frau Jung haben sollten, aber wenn sie Kinder, die
ihren Unterricht stören, nun auch noch allen Ernstes auf einen Stuhl in die Ecke setzt, dann geht das deutlich zu weit.
Wir wollen doch, dass unsere Kinder in einer entspannten,
offenen Atmosphäre lernen und nicht in einem Klima der
Angst. Solche Aktionen sind doch von vorgestern. Durch Ver-
breiten von Furcht und Schrecken Disziplin zu erwirken, wo
sind wir denn! Sie sollte sich eher fragen, warum die Kinder
das Quatschen anfangen, das tun sie doch nur, weil sie nicht

genug gefordert sind, sich langweilen. Sie sollte lieber versuchen, den Kindern dann noch eine Aufgabe zu geben, wenn sie merkt, dass Unruhe aufkommt.
Noch immer besorgt: Ralph und Marie (Felix)

Von: Alina und Mirko
Betreff: Re: Re: Re: Belohnungssystem
Datum: 10. September 2012 19:54:04
An: Mathias
Kopie: alle

Hallo zusammen,
also aus unserer Sicht müssen diese Methoden auf der Stelle wieder abgeschafft werden, das passt nicht mehr in unsere Zeit, zu drohen und zu strafen und die Kinder bloßzustellen. Ich habe ein bisschen das Gefühl, dass wir hier gar nicht von der Schule sprechen, an der wir alle vor knapp 2 Jahren so voller Vorfreude und Erwartung gestartet sind. Was ist mit Frau Jung passiert? Hier sehe ich dringenden Gesprächsbedarf.
Alina und Mirko (Finja)

Von: Sven und Andrea
Betreff: Re: Re: Re: Re: Belohnungssystem
Datum: 11. September 2012 08:54:57
An: Alina und Mirko
Kopie: alle

Moinmoin,
schon mal daran gedacht, was das für die Kids bedeutet, die lernen wollen, wenn immer einer rumstört und Krach macht? Soweit ich weiß, sitzt auch keiner die ganze Stunde in der

Ecke, der Verweis auf den Eckstuhl genügt wohl schon, um etwas mehr Ruhe reinzubringen. Ich kann es Frau Jung nicht verdenken, dass sie zu neuen Maßnahmen der Raubtierbändigung greift, zumal diese sicher keinem schaden und sie ja sonst sehr bemüht ist, jeden zu fördern und zu motivieren. Dass das nicht immer bei allen gleich geschehen kann, ist irgendwie klar. Ich wüsste jetzt auch nicht, was an einem Anreizsystem wie den Stempeln falsch ist. Das mit dem Sport ist da natürlich was anderes, das geht nicht.
Herzliche Grüße,
Sven und Andrea

Von: Monika
Betreff: Re: Re: Re: Re: Belohnungssystem
Datum: 11. September 2012 12:13:05
An: Alina und Mirko
Kopie: alle

Hallo zusammen,
in die Ecke setzen? Meint Ihr das ernst? Greta hat mir zwar bestätigt, dass es da wohl mal einen Stuhl gab, aber das schien eine einmalige Aktion zu sein, und niemand hat auf diesem Stuhl sitzen müssen. Wenn Ihr da andere Infos habt, dann lasst es mich bitte wissen. Die Sache mit dem Sport habe ich von der betroffenen Mutter auch gehört, ich weiß aber, dass die Eltern schon Schritte unternommen haben.
Zu den Belohnungsstempeln kann ich nur sagen, dass ich überhaupt nichts von solchen Systemen halte, weil ich die prinzipiell für ungerecht erachte. Wofür wird denn gestempelt? Dafür, dass einer besonders schnell schreiben kann? Und was ist mit dem, der endlich gelernt hat, ein Wort richtig auszusprechen, woran er sich wochenlang abgemüht hat?

Das ist dann auf den ersten Blick eine überfällige Sache, aber
für das betroffene Kind ein Riesenerfolg. Bloß einen Stempel
gibt's dann nicht. Wie sehr das »motiviert«, kann sich ja jeder
selber denken. Da gibt es doch ganz andere Mittel und Wege
der Motivation, das wissen wir doch.
Grüße,
Monika

Von: Heike
Betreff: Re: Re: Re: Re: Re: Belohnungssystem
Datum: 12. September 2012 13:00:05
An: Monika
Kopie: alle

Liebe Miteltern,
wenn ich sehe, wie sich Emilia über einen Stempel freut, kann
ich daran nichts Schlechtes erkennen, ich denke schon, dass
das auch für andere Anreize schafft und die Gruppe insgesamt langsam darauf vorbereitet, dass ab Klasse drei eh Noten
Einzug halten werden. Ein solches konstruktives Feedback
wie über die Auszeichnung ist meiner Meinung nach also
völlig o. k. Was ich dagegen nicht so schön finde, ist, dass Emi
letzthin auch ab und an kleine Schokotäfelchen mit nach
Hause bringt bzw. das Papier … Wir sind sehr bemüht, den
Süßigkeitenkonsum unserer Kinder zu beschränken, dass
dann ausgerechnet die Lehrerin Schokolade verteilt zur Belohnung, finden wir extrem kontraproduktiv. Was denkt Ihr?
Bin sehr an Eurer Meinung interessiert!
Heike (Emilia)

Von: Olaf
Betreff: Re: Re: Re: Re: Re: Re: Belohnungssystem
Datum: 12. September 2012 14:55:19
An: Heike
Kopie: alle

Sollten wir nicht darauf vertrauen, dass unsere allseits ge-
schätzte Frau Jung weiß, was sie tut? Dass sie auch darauf
achtet, dass kein Kind völlig ohne Stempel oder Schoki aus-
kommen muss? Dass sie gerecht belohnt und gerecht durch-
greift? Zu meiner Zeit wurde man noch vor die Tür gestellt,
Klinke in der Hand, Ende der Diskussion. Ob Schokolade ge-
nerell sein muss oder nicht, das kann man ja diskutieren,
wobei ich denke, dass das nur an Geburtstagen oder ausnahmsweise mal verteilt wird. Lasst uns mit Frau Jung das
Gespräch suchen und nicht gleich alle Kinder mit ihren Bä-
dern ausschütten oder wie das heißt.
Rät Olaf (Papa von Melina)

Von: Kerstin
Betreff: Gespräch
Datum: 12. September 2012 22:10:10
An: alle

Hallo,
sorry, aber warum suchen nicht erst mal die Eltern, die ein
Problem haben oder sehen, das Gespräch? Wir stochern hier
doch nur im Trüben herum, keiner weiß nichts Genaues,
und wir zum Beispiel haben derzeit mit nichts ein Problem,
erfreulicherweise, und sind sehr dafür, Frau Jung nicht mit
einem Ruck das Vertrauen zu entziehen, das sie seit der ersten Klasse bei uns genießt. Zumal sie sich hier ja auch nicht

212

wehren kann. Wer das zu Hause wie mit der Schokolade hand-
habt, muss ja vielleicht auch nicht Thema in dieser Runde
hier sein.
Nichts für ungut,
Kerstin

Von: Birgit und Jennifer
Betreff: Re: Gespräch
Datum: 14. September 2012 17:45:33
An: Kerstin
Kopie: alle

Liebe Kerstin, liebe alle,
ich finde schon, dass wir hier offen sein sollten für alle unsere Sorgen und Nöte – ob das nun die Schokolade betrifft oder
Stempel im Schulheft. So viel Toleranz muss sein, dass wir da
keine Zensur ausüben, nur weil die einen mit den Süßigkei-
ten strenger sind und die anderen nicht. Als Eure Elternver-
treterinnen haben wir jetzt beschlossen, dass wir zeitnah mit
Frau Jung sprechen werden über folgende Themen:
– Motivation und Anreiz: pro und contra Belohnungssysteme
(unter Berücksichtigung des Sonderfalls Belohnung durch
Schokoriegel)
– Disziplin und Aufmerksamkeit: Strafe, öffentliches Zurschau-
stellen, Sonderaktionen
– Kommunikation (wir müssen einen Weg finden, ihr unsere
Sorgen eher mitzuteilen)
Herzliche Grüße an alle,
Birgit und Jennifer

22.

DIE SCHÖNSCHREIBER
Grundschule, Nürnberg

Von: Margit
Betreff: Scribolino
Datum: 12. November 2012 20:24:01
An: alle

Hallo in die Runde,
wollte mich mal mit Euch über die neueste Neuerung in Herrn
Bartels Klasse austauschen: Wie findet Ihr denn diesen neu-
en Faber-Stift, den sie jetzt immer zum Schreiben nehmen?
Ich bin ja der Meinung, dass dieser »Scribolino«, weil ja ein
Tintenroller, nicht geeignet ist für die ersten Schreibversuche.
Da ist ja jeder Kuli aus dem Möbelhaus angenehmer. Ich habe das bei Herrn Bartel auch schon angesprochen, dass ich
den Stift nicht für geeignet halte (Faber-Castell spricht auf der
Website übrigens selber davon, dass der Stift dann gut ist, »sobald das Schreiben automatisiert ist«, und davon kann ja nun
noch keine Rede sein). Bisher haben sie doch immer den
Bleistift genommen, den fand ich viel passender, vielleicht
auch, weil unsere große Tochter damit wunderbar Schreiben
gelernt hat. Herr Bartel war gar nicht meiner Meinung, er findet den Roller prima, weil er die Kinder dazu animiert, nicht
so fest ins Papier zu drücken, und war auch der Einschätzung
des Herstellers gegenüber wenig aufgeschlossen.
Ich würde mich freuen, wenn Ihr Eure Erfahrungen zum
Thema mit mir teilt!

Und hier noch meine Mail an Herrn Bartel von vergangener
Woche, eine Antwort darauf habe ich leider nicht bekommen:

>>Lieber Herr Bartel,
ich möchte auf ein Thema zurückkommen, das ich bereits bei
unserem letzten Treffen angesprochen hatte: die Verwendung
des Scribolino-Stiftes von Faber. Es ist doch interessant, dass

der Hersteller selber davon spricht, dass der Stift erst dann
Sinn macht, »sobald das Schreiben automatisiert ist«. Die
Tintenroller, so Faber, »eignen sich für fortführendes Schrei-
ben ab Klasse 5«. Da unsere Kinder derzeit ja erst mit dem
Schreiben beginnen, ist »fortführendes Schreiben« meiner
Meinung nach nicht gegeben.
Mit freundlichen Grüßen
Margit Ulrich<<

Viele Grüße
Margit

Von: Daniel
Betreff: Re: Scribolino
Datum: 13. November 2012 08:12:39
An: Margit
Kopie: alle

Hallo Margit,
oh, wie es aussieht, ist zwischen Dir und Herrn Bartel die
Kommunikation etwas aus dem Gleichgewicht geraten. Vielleicht denkst Du mal darüber nach, die Elternvertreter ein-
zuschalten?
Amelie kommt gut mit dem Scribolino zurecht. Außerdem
nehmen sie ja nicht immer nur den, sondern wechseln auch
mal und machen auch noch viel mit dem Bleistift, der ja
richtig gut ist. In der Parallelklasse schreiben sie mit so einem Bleistift mit Minen, aber die brechen ständig, auch keine Alternative.
Grüße
Daniel

Von: Margit
Betreff: Re: Re: Scribolino
Datum: 13. November 2012 14:52:02
An: Daniel
Kopie: alle

Hallo,
doch, ich denke schon, dass sie überwiegend den Tintenroller nehmen, bei uns ist neulich die Spitze abgebrochen (was zeigt, dass die Kinder natürlich doch fest drücken), und dann musste ich noch am selben Tag einen neuen kaufen.
Gruß
Margit

Von: Inga
Betreff: Füller
Datum: 3. Dezember 2012 14:52:02
An: alle

Liebe Mit-Eltern,
gute Nachrichten im Tintenroller-Streit: Nach den kleinen Ferien geht es los mit dem Füller, dann können die Tintenroller und Bleistifte in der Versenkung verschwinden! Achtet beim Kauf darauf, dass es Anfänger-Füller sind, alle bekannten Hersteller haben derlei im Programm.
Schöne Grüße
Inga

23.

WER HAT DAS GELD
AUS DER KAFFEEKASSE?

Kindergarten Sommerwald, Hannover

Von: Sarah Meyerhoff
Betreff: Konto
Datum: 7. Mai 2012 20:22:45
An: alle

Hallo liebe Eltern der Giraffen-Gruppe,
ich möchte Euch hier die neue Nummer für das Gemein-
schaftskonto mitteilen, damit ich von dort auch die Gebühren für den Nachmittagssnack an den KiGa weiterleiten kann.
Kontonummer: ...
BLZ: ...
Bank: ...

Das Konto geht auf meinen Namen, also Sarah Meyerhoff.
Ich freue mich, wenn Ihr ab sofort (also bitte bis Ende des
Monats) immer im Voraus pro Quartal 25 Euro auf das Konto
einzahlt. Barzahlungen im KiGa kann ich nicht mehr anneh-
men, da ich sonst immer damit beschäftigt bin, das Geld zur
Bank zu tragen und so fort.
Danke schön!
Sarah

Von: Isabell Krebs
Betreff: Re: Konto
Datum: 7. Mai 2012 20:30:11
An: Sarah Meyerhoff
Kopie: alle

Liebe Sarah,
ich hatte das Geld jetzt schon Frau Rose in die Hand ge-
drückt, das müsste sie Dir dann geben.
LGR, Isabell (Mats)

Von: Alexander
Betreff: Re: Konto
Datum: 7. Mai 2012 22:21:03
An: Sarah
Kopie: alle

Hallo Sarah,
danke schön fürs Einrichten! Wollte nur mal fragen, was das
für ein Konto ist? Gibt es Zinsen oder Gebühren?
Alexander

Von: Sarah
Betreff: Re: Re: Konto
Datum: 8. Mai 2012 07:02:31
An: Alexander, alle

Hallo Alexander, hallo alle,
also noch mal für alle: Das Konto kostet uns nichts, es ist ein
Online-Konto, das uns in sehr geringem Rahmen auch Zinsen bringt, die natürlich der Gemeinschaft zugutekommen,
wenn wir bei drei Euro angekommen sind, so nach vier Jahren, dann gehen drei von uns mal ein Eis essen, ha ha ...
Sarah
PS: Wäre schön, wenn wir das mit dem Barzahlen jetzt ein-
stellen könnten, ich muss jetzt sehen, wer alles bei Frau Rose
mit dem Umschlag vorbeigegangen ist *seufz*

Von: Bettina
Betreff: Re: Re: Re: Konto
Datum: 8. Mai 2012 09:42:30
An: Sarah
Kopie: alle

Liebe Sarah,
wäre es möglich, monatlich zu überweisen? Dann kann ich
einen Auftrag dafür einrichten.
Bettina (Leon)

Von: Sarah
Betreff: Re: Re: Re: Re: Konto
Datum: 8. Mai 2012 09:45:22
An: Bettina
Kopie: alle

Liebe Bettina,
einen Dauerauftrag solltest Du auch für eine quartalsweise
Zahlung einrichten können, sprich ggf. mal mit Deiner
Bank, wenn Du nicht genau weißt, wie das geht. Von einer
monatlichen Zahlung bitte ich abzusehen, da ich ja, wie gesagt, das Geld im Voraus an den KiGa abgebe und sonst in
Vorleistung treten müsste, was bei 20 Leuten irgendwie etwas zu viel ist und dann auch noch logistisch nicht gerade
einfach.
Sarah

Von: Bettina
Betreff: Re: Re: Re: Re: Re: Konto
Datum: 8. Mai 2012 09:58:00
An: Sarah
Kopie: alle

Liebe Sarah,

o. k., aber ich verstehe nicht ganz, warum sie das immer im Quartal haben wollen? In der Kita einer Freundin zahlen sie monatlich, das ist also durchaus möglich.
Bettina

Von: Alexander
Betreff: Re: Re: Re: Re: Re: Re: Konto
Datum: 8. Mai 2012 21:00:33
An: Bettina
Kopie: alle

Liebe Sarah, liebe alle,

danke für die Info zu den Zinsen, und nur der Vollständigkeit halber: Sind da auch die Reste aus der Kaffeekasse von den Elterntreffen eingeflossen? Frau Rose sagte die Tage, die Kasse sei leer, und wir sollten daran denken, noch mal zu sammeln, wenn wir beim nächsten Elterntermin Kaffee oder so haben wollen. Ich meine aber, da wäre noch was drin gewesen.
Herzliche Grüße,
Alexander

Von: Sarah
Betreff: Re: Re: Re: Re: Re: Re: Re: Konto
Datum: 8. Mai 2012 21:45:33
An: Alexander
Kopie: alle

Lieber Alexander,
sorry, aber ich weiß nichts von der Kaffeekasse, wenn sie leer
ist, denke ich mal, dass sie vom KiGa geleert wurde, um die
letzte Runde Kaffee zu zahlen? Ich führe gerne das Konto,
aber die Kaffeekassenverantwortung gebe ich gerne an jemand anderen ab. Magst Du?
Liebe Grüße,
Sarah

Von: Michael
Betreff: Re: Re: Re: Re: Re: Re: Re: Re: Konto
Datum: 8. Mai 2012 22:00:12
An: Sarah
Kopie: alle

Gib's zu, davon hast Du die erste Kugel Eis schon gekauft :-)))

Von: Benjamin
Betreff: Kaffeekasse
Datum: 13. Mai 2012 09:36:12
An: Alexander
Kopie: alle

Hallo Alexander,
klingt ein bisschen, als wärst Du ernsthaft in Sorge um die

Kaffeekasse, daher hier ein Beitrag zur Aufklärung: Wir haben die ca. 11 Euro genommen und davon die Blümchen zum Geburtstag von Frau Rose gekauft, ich dachte, das wussten alle, dass wir den Strauß nicht aus eigener Tasche gezahlt haben.
Benjamin (Noah)

Von: Alexander
Betreff: Re: Kaffeekasse
Datum: 13. Mai 2012 22:55:07
An: Benjamin
Kopie: alle

Lieber Benjamin,
es wird ja wohl ein Nachfragen erlaubt sein, ich wüsste nicht, was daran Anlass gibt für spöttische Kommentare. Und nein danke, so sehr liegt mir die Kaffeekasse nicht am Herzen, dass ich jetzt dauernd darauf angesprochen werden möchte.
Alexander

Von: Sarah
Betreff: Re: Re: Kaffeekasse
Datum: 14. Mai 2012 11:06:33
An: Alexander
Kopie: alle

Lieber Alexander,
ich denke, das war alles eher lustig gemeint, aber es würde in der Tat nicht schaden, wenn sich JEMAND dafür verantwortlich fühlen würde, dann kann auch nicht mehr so leicht etwas entnommen werden.
Sarah grüßt

Von: Benjamin
Betreff: Re: Re: Re: Kaffeekasse
Datum: 14. Mai 2012 11:11:38
An: Sarah
Kopie: alle

»So leicht etwas entnommen« – liebe Sarah, nichts für ungut, aber wir haben davon, wie gesagt, ein Geschenk für die Erzieherin gekauft, eine Pflanze, was uns vollkommen o. k. erschien. Aber ich stehe zu meinem Vergehen und erkläre mich hiermit offiziell zum Kaffeekassenbeauftragten der Giraffen-Gruppe, wenn Ihr meine eigenmächtige Inthronisierung verzeiht.
Benjamin

Von: Sabrina
Betreff: Re: Re: Re: Re: Kaffeekasse
Datum: 14. Mai 2012 18:16:17
An: Sarah
Kopie: alle

Liebe Sarah,
noch eine Anmerkung zum Konto: Bei manchen Banken kann man ja mehrere EC-Karten für ein Konto bekommen, vielleicht sollten wir klären, wer außer Dir noch eine bekommt, oder? Könnte ja mal praktisch sein.
Vorschlag von: Sabrina (Lilo)

24.

WIR KAUFEN EINE TRUHE
Kita Villa Sonnenschein, Solingen

Von: Johanna und Tino
Betreff: Farewell, Pinguine
Datum: 2. Mai 2013 16:30:13
An: alle

Liebe Miteltern,
kaum zu glauben, aber wahr: Unsere Pinguin-Kinder sind
nun wirklich auf dem Absprung, nur noch acht Wochen,
dann ist alles vorbei! Gute Gelegenheit für uns, die frei wer-
dende Energie zu nutzen und uns ein Abschiedsgeschenk
für die Kita zu überlegen. Aus geheimen Quellen haben wir
erfahren, dass die Aufbewahrung der Spielsachen zu wünschen übrig lässt und vor allem die schönen historischen
Kostüme oft unsortiert herumfliegen. Was haltet Ihr also davon, wenn wir eine große, robuste Truhe (aus Holz) kaufen,
in die die Sachen gelegt werden können und die gleichzeitig
noch zum Draufsitzen genutzt werden kann? Versehen mit
einer kleinen Inschrift (Erinnerung an die Pinguin-Kinder
2013 und dann die Namen).
Herzlichste Grüße von
Johanna und Tino

Von: Maybrit
Betreff: Re: Farewell, Pinguine
Datum: 2. Mai 2013 19:34:33
An: alle

Hallo zusammen,
danke an Euch zwei für den Anstoß! Persönlich finde ich die
Truhe sehr gut, ich denke, dass wir für ca. 80, 90 Euro eine
entsprechend große Truhe bekommen könnten, Gravur oder
kleines Schild kosten dann noch mal extra, vielleicht um die

20 Euro. O. k. für Euch? Vielleicht können wir die Überreichung auch noch ein bisschen künstlerisch bereichern und ein kleines Stück inszenieren, in den Kostümen, die in die Truhe kommen sollen?
Bin gespannt, was Ihr sagt!
Maybrit

Von: Tino
Betreff: Re: Re: Farewell, Pinguine
Datum: 2. Mai 2013 20:16:48
An: Maybrit
Kopie: alle

Hi zusammen,
für mich wären auch mehr als 90 Euro o. k., da so eine Truhe nicht zu klein sein darf und nicht zu wackelig. Man findet auf Amazon welche für ca. 50 Euro, aber das kommt meiner Meinung nach nicht in Frage, weil nicht robust genug. Pflegeleicht sollte das Holz außerdem sein und wenn es geht, FSC-zertifiziert. Lieber eine gute Qualität, davon hat die Kita länger etwas.
Herzlich, Tino

Von: Cathrin
Betreff: Re: Re: Re: Farewell, Pinguine
Datum: 3. Mai 2013 11:07:19
An: Tino
Kopie: alle

Hallo Ihr,
ich bin in zwei Punkten unsicher: Meint Ihr nicht, dass es

letztlich nur den Läusen nutzt, wenn die ganzen Verkleidungssachen zusammengepackt werden? Da lässt es sich sicher hervorragend leben. Und außerdem: Bitte ohne Gravur. Zum einen finde ich Kindernamen auf einer Holztruhe unpassend, zum anderen: Da die Pinguine ja nun bald weg sein werden, ist es nicht für die nachrückende Generation seltsam, lauter fremde Namen zu lesen von Kindern, die längst nichts mehr mit der Kita zu tun haben?
Beste Grüße
Cathrin

Von: Maike
Betreff: Re: Re: Re: Re: Farewell, Pinguine
Datum: 3. Mai 2013 13:13:02
An: Cathrin
Kopie: alle

Hallo Cathrin,
vergiss nicht, dass Läuse außerhalb eines menschlichen Kopfes nur maximal sechs Stunden überleben können, da sehe ich also keine Gefahr.
Aber in der anderen Sache: Vielleicht hast Du nicht unrecht, die Namen der Kinder sollten nicht so dominieren, vielleicht müssen sie auch gar nicht draufstehen. Die Gravur hatte ich mir auch nicht so prominent vorgestellt, eher etwas Kleines, »Überreicht von den Pinguin-Kindern 2013«. Ohne alles fände ich es auch nicht gut, weil dann zu unpersönlich. Wärst Du mit einer solchen Kompromisslösung einverstanden?
LG
Maike

Von: Nicola
Betreff: Re: Re: Re: Re: Re: Farewell, Pinguine
Datum: 3. Mai 2013 18:25:02
An: Maike
Kopie: alle

Liebe Eltern,
wir finden »Überreicht von den Pinguin-Kindern 2013«
schön! Wenn, dann könnte eine Truhe Motten anziehen.
Nicola

Von: Arne
Betreff: Re: Farewell, Pinguine
Datum: 3. Mai 2013 21:23:02
An: Maike
Kopie: alle

Guten Tag,
»überreicht von« finde ich, ehrlich gesagt, total unpassend,
wie überreicht man denn eine kiloschwere Truhe, und außerdem hat das gleich so etwas Staatstragendes. Dass die
Kindernamen nun wieder raus sind, finde ich auch nicht so
gut, immerhin soll es ja ihr Geschenk sein. Sie könnten doch
ihren Namen einfach in das Holz ritzen, das sieht dann auch
nach einem Geschenk der Pinguine aus.
Viele Grüße
Arne

Von: David
Betreff: Re: Re: Farewell, Pinguine
Datum: 5. Mai 2013 18:27:19
An: Arne
Kopie: alle

Hi Ihr alle,
die Truhe finde ich prima, eine sehr schöne Idee, danke an
Johanna und Tino! Ich fände die Truhe ohne jegliche Gravur,
Schnitzerei und Widmung allerdings am besten. Mit welchem Zweck werden denn Gedenkplaketten und Inschriften
angebracht? Doch nur, damit sich alle an den edlen Spender
erinnern und ihm so Anerkennung und Dank für seine
Großzügigkeit aussprechen. Dabei, finde ich, haben die Kinder und wir in den vergangenen Jahren genug zurückbekom-
men von der Kita, da brauchen wir doch nicht noch diese
Form der Verewigung.
Liebe Grüße
David

Von: Cathrin
Betreff: Re: Re: Re: Farewell, Pinguine
Datum: 6. Mai 2013 09:11:13
An: David
Kopie: alle

Hallo,
inzwischen bin ich fast der Meinung, dass eine Truhe gar
nicht wirklich zu unseren quirligen Pinguinen passt. Wäre
nicht etwas Lebendigeres passender? Ein paar Obststräucher
für den Garten und dazu kleine Schaufeln, so viele, wie es
Kinder gibt? Beim Ernten können sie sich dann an uns erin-

nern, das wäre doch auch schön. Die Schaufeln wären auch nicht so teuer wie die Holztruhe, und ich biete mich gerne an, sie zu besorgen.

Grüße in die Runde
Cathrin

Von: Maybrit
Betreff: Kasse
Datum: 6. Mai 2013 10:45:00
An: alle

Liebe Miteltern,
bevor wir hier weiter Ideen spinnen: Wie wäre es denn, wenn wir uns erst einmal über das zur Verfügung stehende Budget verständigen? Ich möchte daher alle Eltern bitten, mir bis Ende der Woche Bescheid zu sagen, wie viel Geld sie für die Aktion ausgeben möchten. Erst dann können wir uns überlegen, welches Geschenk wir kaufen.
Danke & Grüße
Maybrit

Von: Lorenz
Betreff: Re: Kasse
Datum: 6. Mai 2013 11:04:33
An: Maybrit
Kopie: alle

Hallo zusammen,
auch von mir jetzt doch noch ein Beitrag zur Sache: Ich finde die Truhe völlig in Ordnung, bin aber dagegen, eine ohne persönliche Widmung zu schenken. Warum lassen wir nicht

die Pinguine die Truhe dekorieren? So falsch finde ich es nämlich nicht, auch eine sichtbare Spur zu hinterlassen. Vielleicht freuen sie sich in 10, 15 Jahren, dass ihre Truhe noch im Einsatz ist. Auch die Wahl des richtigen Holzes sollten wir nicht vergessen, FSC ist natürlich gut, aber eine Kiefer- oder Fichte-Truhe ist zum Beispiel weit weniger stabil als Eiche oder Buche, was allerdings auch preisintensiver wäre. Es grüßt Lorenz

Von: Maybrit
Betreff: Abschiedsgeschenk
Datum: 13. Mai 2013 12:23:30
An: alle

Hallo liebe Pinguineltern,
danke an alle, die sich gemeldet haben und dank derer ich nun sagen darf, dass wir insgesamt über fast 200 Euro für unser Abschiedsgeschenk verfügen. Zusammengefasst sieht es so aus, dass sich doch die Mehrheit mit der Truhe anfreunden kann, und wie sich gezeigt hat, sind auch die meisten fürs Selberdekorieren. Ich würde also vorschlagen, dass wir eine stabile, große Truhe kaufen und sie mit Farben gestalten, ggf. die Namen auch draufschreiben, und am Ende wird sie lackiert, und dann können sich noch viele Generationen Pinguine, Marienkäfer, Kängurus und Schwäne daran erfreuen. Übrigens: Die Känguru-Eltern sind auch mit an Bord, das ist doch super!
Herzlich,
Maybrit

Von: Annette
Betreff: Re: Abschiedsgeschenk
Datum: 13. Mai 2013 14:55:00
An: Maybrit
Kopie: alle

Liebe Pinguin-Eltern,
wir finden die Idee mit der Truhe sehr schön. Hier ein Link
zu einer, die wir sehr passend finden und die auch viel Platz
und Möglichkeit bietet zum Dekorieren: (LINK).
Herzliche Grüße
Annette

Von: Anna-Lena
Betreff: Re: Re: Abschiedsgeschenk
Datum: 13. Mai 2013 15:02:30
An: Annette
Kopie: alle

Liebe Eltern,
die vorgeschlagene Truhe gefällt mir, allerdings gebe ich zu
bedenken, dass Lackieren keine gute Idee ist: Ihr könnt Euch
vorstellen, wie »sorgsam« die Kinder mit der Truhe umgehen
werden – und dann blättert die Farbe. Wenn die Truhe für
Spielsachen genutzt wird und draußen steht, wird das Holz
von der Witterung angegriffen und sieht alsbald oll und mit-
genommen aus. Den Erzieherinnen das Abschleifen und Nach-
lackieren zuzumuten, ist auch ein bisschen viel. Ich finde, wir
sollten das Holz lediglich ölen und sonst natürlich belassen.
Viele Grüße
Anna-Lena
Grafikdesignerin

Von: Cathrin
Betreff: Re: Abschiedsgeschenk
Datum: 13. Mai 2013 17:13:22
An: Maybrit
Kopie: alle

Hallo in die Runde,
was ist denn mit der Idee, die Überreichung mit einer kleinen kulturellen Inszenierung zu bereichern (s. Mail von
Maybrit)? Können wir nicht ein kleines Theaterstück einstudieren mit den Kindern und es dann aufführen? Vielleicht
mit einem Chor?
Herzlich
Cathrin

Von: David
Betreff: Re: Re: Abschiedsgeschenk
Datum: 13. Mai 2013 18:47:22
An: Cathrin
Kopie: alle

Ihr Lieben,
wunderbare Idee – und in jedem Fall nachhaltiger und blei-
bender als nur das Aufmalen oder Einritzen von Namen.
Gruß
David

Von: Maybrit
Betreff: Re: Re: Re: Abschiedsgeschenk
Datum: 13. Mai 2013 19:50:23
An: alle

Liebe Pinguin-Eltern,
Annettes Truhe sieht doch sehr schön natürlich aus – ich
denke, dass wir diese nehmen sollten, und dann können wir
ja eine Alternative zum Lack wählen, um nicht das von Anna-Lena beschriebene Problem zu bekommen.
Eure
Maybrit

Von: Benjamin
Betreff: Re: Re: Re: Re: Abschiedsgeschenk
Datum: 13. Mai 2013 21:16:20
An: Maybrit
Kopie: alle

Liebe Eltern,
ich bin nicht wirklich von der Truhe überzeugt. Sie ist aus
Kiefer, und das ist ein recht weiches Holz. Wir hatten darüber ja schon einmal diskutiert, hatten das Thema dann aber
nicht weiterverfolgt. Ich finde, dass Buche oder Eiche besser
geeignet sind als Kiefer. Hier schicke ich Euch noch zwei
Links zu verschiedenen Truhen, die beide groß und robust
sind und eben auch aus einem stabilen Holz: (LINK; LINK)
Liebe Grüße
Benjamin

Von: Katja
Betreff: Gestaltung Truhe
Datum: 14. Mai 2013 10:30:20
An: alle

Hallo Ihr Lieben,
ob wir die Truhe nun lackieren, bemalen oder wie auch immer mit Farbe verzieren: Das Problem ist ja dasselbe, das Holz müsste immer wieder neu aufgehübscht werden. Warum machen wir nicht aus der Not eine Tugend und verwenden von Anfang an eine Farbe, die sich besonders leicht abwäscht, oder wir knoten nur viele bunte Bänder um die Truhe, die dann ja ohnehin abgemacht werden müssen. So haben die Kinder Spaß beim Auspacken, und danach ist die Truhe halt eben natur.
Grüße von
Katja

Von: Maike
Betreff: Re: Gestaltung Truhe
Datum: 14. Mai 2013 12:38:12
An: Katja
Kopie: alle

Hallo zusammen,
wir haben gestern Nachmittag die Chance genutzt und haben nach dem Vorbereitungstreffen für den Kinderflohmarkt noch ein bisschen überlegt, wie wir es mit der Truhe machen. Da doch seit dem ersten Aufschlag einige Zeit ins Land gegangen ist, sollten wir langsam zu einer Entscheidung kommen! Wir schlagen daher vor, dass Maybrit die von Anna-Lena vorgeschlagene Truhe kauft. Sobald sie da ist,

treffen wir uns und bemalen die Truhe, und die Kinder schreiben ihre Namen darauf. Anschließend wird sie lackiert – das wird schon eine Weile halten, sei es auch nichts für die Ewigkeit. Maybrit hat dankenswerterweise angeboten, die Bemalaktion in ihrem Garten zu machen, danke, liebe Maybrit, für diesen Vorschlag! Wenn wir wissen, wann die Truhe geliefert wird, melde ich mich wegen der Terminabstimmung. Bitte sagt mir doch bis Donnerstag, 13 Uhr, ob Ihr etwas Grundlegendes gegen dieses Vorgehen vorzubringen habt. Sollte dem nicht so sein, wird die Truhe gekauft. Herzlich,
Maike

Von: Maybrit
Betreff: Bestellt!
Datum: 17. Mai 2013 19:17:03
An: alle

Liebe Pinguin-Eltern,
so, nun ist es getan: Die Truhe ist bestellt. Wenn nichts dazwischenkommt, dann ist sie in einer Woche hier bei mir, und ich freue mich auf Euch zum gemeinsamen Gestalten!
Eure Maybrit

25.

JUHU, WIR BEFREIEN UNS SELBST!
Kindergarten Wichtelpark, Bielefeld

Von: Mareike
Betreff: Termine und Themen
Datum: 12. November 2013 20:33:12
An: alle

Liebe Eltern,

ich möchte an unsere Gespräche nach der letzten Elternversammlung anknüpfen, weil wir ja nur in kleiner Gruppe zu-
sammenstanden und das Thema meiner Meinung nach nicht
abschließend klären konnten. Einige von uns sind, wie ihr sicher mitbekommen habt, gar nicht glücklich mit der Art und
Weise, wie hier über diese Gruppe Unterhaltungen ablaufen.
Während einige sich bemühen, sachlich und produktiv die
größeren und kleineren Probleme unserer Kinder zu besprechen oder sich Rat zu holen, gibt es auch immer wieder diejenigen, die diese Plattform nutzen, um eigene Konflikte mit
anderen Eltern oder mit den Betreuerinnen auszutragen. Erinnert sei an die Auseinandersetzung um die Fahrt nach Spiekeroog, die Weihnachtsfeier oder den neuen Sandplatz. Was
da teilweise geschrieben wurde, war nicht nur für die Betroffenen verletzend und bitter, auch alle, die in diese Auseinandersetzung unfreiwillig mit hineingezogen wurden, gerieten
in eine Spirale aus Verdächtigungen und Anschuldigungen,
was letzten Endes zu einer Lagerbildung unter uns Eltern geführt hat und einen offenen Austausch erschwert. Ich möchte also an dieser Stelle noch einmal für alle anregen, dass wir
diese Gruppe hier, wenn nicht ganz schließen, so doch zumindest nur noch nutzen, um Termine weiterzugeben und zum
Beispiel die Protokolle der Elternversammlungen oder um
Fotos herumzusenden. Ich will damit nicht sagen, dass ich
dem Austausch unter uns keinen Raum mehr geben möchte,
aber ich möchte ihm einen angemessenen Raum geben, einen,
in dem man sich in die Augen sieht und Probleme vor Ort

mündlich klärt. Mails sind meiner Meinung nach nur schlecht geeignet, unsere Emotionen auszudrücken und angemessen zu übermitteln. Wie schnell schreibt sich eine Mail, die der andere als Pöbelei empfinden muss, und wie anders verhält man sich doch im direkten Gespräch. Ich würde mir wünschen, dass wir ein Format finden, in dem wir uns regelmäßig treffen, vielleicht eine Art Stammtisch oder ein Elterncafé oder dergleichen. So, das musste gesagt werden, ich bin gespannt, was Ihr davon denkt bzw. ich bitte alle die, die sich noch nicht zu diesem Thema geäußert haben, mir Bescheid zu geben, was ihr davon denkt.

Herzlichst, Eure Elternvertreterin Mareike

Von: Susanne
Betreff: Re: Termine und Themen
Datum: 12. November 2013 21:05:33
An: Mareike
Kopie: alle

Liebe Mareike,
ich danke für Deine Mail und Deinen Vorstoß, wie Du weißt, unterstütze ich das voll und ganz, nachdem ich leidvoll erfahren musste, was es heißt, eine andere Meinung zu haben als die meisten (Sandplatz), kann ich auf bissige Mailkommentare und gehässige Weiterleitungen von Antworten und Einlassungen gerne verzichten und freue mich, wenn nicht mehr alles zum Grabenkampf wird und nicht mehr jeder alles öffentlich breittritt.

Das Café Streusel könnte sich für ein regelmäßiges Treffen eignen, eher informell, sie haben bis 21 Uhr geöffnet, das ginge also unter der Woche.

Es grüßt, Susanne

Von: Johannes
Betreff: Re: Re: Termine und Themen
Datum: 12. November 2013 21:24:39
An: Susanne
Kopie: alle

Hallo zusammen,
ich muss schon sagen, dass ich das hier ganz praktisch fand
– ich habe auch, ehrlich gesagt, keine Zeit, mich mehr als im
üblichen Rahmen (Elternversammlung, Sommerfest etc.) zu
treffen, so gerne ich das täte. Wie Ihr vielleicht wisst, arbeite
ich von Montag bis Donnerstag in Stuttgart und bin als
Pendler einigermaßen froh, wenn ich dann nicht den Rest
der Zeit im Café Streusel verbringen muss ...
Nichts für ungut, Johannes

Von: Mareike
Betreff: Re: Re: Re: Termine und Themen
Datum: 14. November 2013 20:16:00
An: Johannes
Kopie: alle

Lieber Johannes,
danke für Deine Mail. Dass Du nicht jeden Abend zu einem
Treffen gebeten wirst, ist Dir sicher auch klar, aber wie man
sieht, eignet sich der Mailweg wirklich nicht besonders, um
Schwieriges ohne Verstimmung zu klären. Da wir uns am
übernächsten Mittwoch (also 24.) ohnehin mit Frau Holt-
kamp und Frau Thomsen wg. der Köchin treffen, sollten wir
die Gelegenheit noch einmal nutzen, um abzustimmen. Ich
wollte hier nur mal das Thema setzen.
Beste Grüße, Mareike

Von: Sara
Betreff: Re: Re: Re: Re: Termine und Themen
Datum: 14. November 2013 21:44:06
An: Mareike
Kopie: alle

Hi,
gute Idee, sehe ich auch so, unser Umgang könnte in jedem
Fall deutlich wertschätzender werden, daher gerne persönlich!
Liebe Grüße,
Sara (Nicolas)

Von: Martina
Betreff: Re: Re: Re: Re: Termine und Themen
Datum: 19. November 2013 19:44:55
An: Mareike
Kopie: alle

Guten Abend in die Runde,
sehe das eher pragmatisch: Wir haben die Gruppe hier ja
eingerichtet, um uns lange Wege und viele Treffen zu ersparen (oder habe ich das falsch verstanden?), und das sollten
wir doch als praktisches Mittel beibehalten. Für Schwerwie-
gendes sollte in jedem Fall der persönliche Kontakt gesucht
werden, zum Beispiel zu unseren beiden wundervollen Ver-
treterinnen Undine und Mareike. Mein Bedürfnis, darüber
hinaus zu regelmäßigen Treffen zu kommen, ist eher gering,
was Ihr jetzt bitte nicht falsch versteht, die Zeit …
Eine erholsame Nacht wünscht Euch Martina

Von: Pia
Betreff: Re: Re: Re: Re: Re: Termine und Themen
Datum: 19. November 2013 21:45:51
An: Martina
Kopie: alle

Liebe alle,
prima Idee, liebe Mareike, nachdem auch ich immer wieder
entsetzt war, wie manche hier agieren und ohne Überlegen
anderen an den Karren fahren, wie man so schön sagt, bin
ich dafür, dass wir wieder sachlicher werden und uns auf
Wesentliches beschränken. In der Taverna Magica könnte
man noch eine Pizza essen, was meiner Meinung nach ein
immenser Vorteil gegenüber dem Streusel ist :-)
Danke & liebe Grüße,
Pia (Lisa-Marie)

Von: Berit
Betreff: Re: Re: Re: Re: Termine und Themen
Datum: 20. November 2013 13:19:52
An: Mareike
Kopie: alle

Hallo zusammen, da das Thema Spiekeroog ja schon gefallen
ist, kann ich nicht umhin, mich auch noch mal in diesem
Kreis zu melden, auch wenn ich nicht das Gefühl habe, dass
Ihr noch an ehrlichen Meinungen und Diskussionen interessiert seid. Wenn ich Euch damals wg. der Inselfahrt meine
Bedenken mitgeteilt habe (nein, das ist nicht zu wiederholen,
keine Angst), dann nur in der ehrlichen Hoffnung, dass wir
hier frei und offen unsere Sorgen teilen können, dass es vielleicht auch andere gibt, die ähnlich ticken und die ebenso

wie ich nicht der Meinung sind, dass man alle Entscheidungen der Erzieherinnen und der Elternmehrheit unhinterfragt akzeptieren muss. Ich darf daran erinnern, dass Meinungsfreiheit ein hohes Gut ist. Dass Ihr die hier beschneiden wollt zugunsten von Terminen, an denen eh nie mehr als vier Leute teilnehmen werden, finde ich bedenklich. Ich bin etwas enttäuscht, dass wir nicht die Größe und die Kraft haben, unseren Kindern in Sachen Umgangsformen ein besseres Vorbild zu sein. Und macht Euch keine Sorgen, mich werdet Ihr im Café Streusel oder sonst wo sicher nicht antreffen, ich werde mich künftig direkt mit den Damen Bachmann und Dierksen ins Benehmen setzen, das erscheint mir ohnehin sinnvoller, als sich hier in Grabenkämpfen zu verlieren.
Eure Berit

Von: Jojo
Betreff: Re: Re: Re: Re: Re: Re: Termine und Themen
Datum: 21. November 2013 12:16:32
An: Pia
Kopie: alle

Liebe alle,
denke auch, dass ein Ende der langen Debatten ein bisschen Druck rausnimmt aus manchen Dingen und uns zwingt, sachlicher zu bleiben. Gleichzeitig wisst Ihr ja auch, wie's ist, manchmal isses einfach nicht möglich, immer den Zen-Guru zu geben, dazu sind bestimmte Themen zu wichtig, da kann ich's durchaus verstehen, wenn man was übers Ziel hinausschießt. Wegen mir muss es keine so drastische Maßnahme geben wie Abschaffung der Gruppe, aber gegen eine gemeinsame Pizza dann und wann hab ich natürlich auch nix!
Jojo (Anouk)

Von: Mareike
Betreff: Stammtisch
Datum: 25. November 2013 16:23:17
An: alle

Liebe Eltern,
mit Bedauern habe ich zur Kenntnis genommen, dass auch ein letzter Versuch meinerseits, den Frieden wiederherzustellen, nicht bei allen gut angekommen ist, aber wie dem auch sei, in persönlichen Gesprächen hat sich dann klar herausgestellt, wie doch wohl die Mehrheit die Sache sieht: Wir versuchen es mit dem Elternstammtisch, alle vier bis sechs Wochen, beginnen wollen wir im Restaurant Schwarze Perle am Dienstag, 14. Mai, ab 19.30 Uhr. Ihr seid alle herzlich eingeladen, mit Undine und mir die Probleme der letzten Monate zu besprechen und zu einem friedvollen, respektvollen Miteinander zurückzufinden, im Interesse unserer Kinder und unserer selbst. Die Treffen ersetzen NICHT die offiziellen Elternversammlungen in der Kita, die wie gewohnt an den bekannten Terminen stattfinden. Wir könnten die Treffen aber nutzen, um Themen zu sammeln, die wir Elternvertreterinnen dann in die große Runde einbringen bzw. in Richtung der Kita-Verantwortlichen vortragen.
Unsere Google-Gruppe soll als Termin- und Dokumentenaustausch-Plattform erhalten bleiben, Persönliches, Sorgen und Nöte allerdings bekommen nun ein neues »Zuhause«.
Ich freue mich auf neue Begegnungen mit Euch!
Herzliche Grüße,
Eure Mareike

Von: Steffi und Thomas
Betreff: Re: Stammtisch
Datum: 25. November 2013 19:44:07
An: Mareike
Kopie: alle

Liebe Mareike,

uns war dieses Thema bisher noch neu, aber wir sind beide
genau wie Du der Ansicht, dass sich dieser Rahmen hier
wirklich nicht eignet, um pädagogische Fragen, Sorgen oder
Missstimmungen zu klären. Wichtige Termine, Einladungen
und Flyer etc. sollten wir weiter auf diesem Weg distribuie-
ren, auch sollten von allen Treffen kleine Protokolle gefertigt
werden, für die, denen eine Teilnahme an Treffen nicht möglich ist. Danke für diesen befreienden Vorstoß!
Steffi & Thomas (Yannis)

DANK

Ich danke allen Eltern, die mir ihre Mailwechsel zur Verfügung gestellt haben, herzlich für ihr Vertrauen und ihre Unterstützung.